中国社会科学院国情调研特大项目"精准扶贫精准脱贫百村调研"

精准扶贫精准脱贫百村调研丛书

CASE STUDIES OF TARGETED POVERTY REDUCTION AND
ALLEVIATION IN 100 VILLAGES

李培林／主编

精准扶贫精准脱贫
百村调研·永顺村卷

平原农业村的脱贫之路

檀学文　栾敬东　施海波　邵学会／著

社会科学文献出版社

SOCIAL SCIENCES ACADEMIC PRESS (CHINA)

中国社会科学院国情调研特大项目
"精准扶贫精准脱贫百村调研"
项目协调办公室

主　任：王子豪

成　员：檀学文　刁鹏飞　闫　珺　田　甜　曲海燕

总　序

　　调查研究是党的优良传统和作风。在党中央领导下，中国社会科学院一贯秉持理论联系实际的学风，并具有开展国情调研的深厚传统。1988 年，中国社会科学院与全国社会科学界一起开展了百县市经济社会调查，并被列为"七五"和"八五"国家哲学社会科学重点课题，出版了《中国国情丛书——百县市经济社会调查》。1998 年，国情调研视野从中观走向微观，由国家社科基金批准百村经济社会调查"九五"重点项目，出版了《中国国情丛书——百村经济社会调查》。2006 年，中国社会科学院全面启动国情调研工作，先后组织实施了 1000 余项国情调研项目，与地方合作设立院级国情调研基地 12 个、所级国情调研基地 59 个。国情调研很好地践行了理论联系实际、实践是检验真理的唯一标准的马克思主义认识论和学风，为发挥中国社会科学院思想库和智囊团作用做出了重要贡献。

　　党的十八大以来，在全面建成小康社会目标指引下，中央提出了到 2020 年实现我国现行标准下农村贫困人口脱贫、贫困县全部"摘帽"、解决区域性整体贫困的脱贫攻坚目标。中国的减贫成就举世瞩目，如此宏大的脱贫目标世所罕见。到2020年实现全面精准脱贫是党的十九大提出的三大攻坚战之一，是重大的社会目标和政治任务，中国的贫困地区在此期间也将发生翻天覆地的变化，而变化的过程注定不会一帆风顺或云淡风轻。记录这个伟大的过程，总结解决这个世界性难题的经验，为完成这个攻坚战献计献策，是社会科学工作者应有的责任担当。

2016年，中国社会科学院根据中央做出的"打赢脱贫攻坚战"战略部署，决定设立"精准扶贫精准脱贫百村调研"国情调研特大项目，集中优势人力、物力，以精准扶贫为主题，集中两年时间，开展贫困村百村调研。"精准扶贫精准脱贫百村调研"是中国社会科学院国情调研重大工程，有统一的样本村选择标准和广泛的地域分布，有明确的调研目标和统一的调研进度安排。调研的104个样本村，西部、中部和东部地区的比例分别为57%、27%和16%，对民族地区、边境地区、片区、深度贫困地区都有专门的考虑，有望对全国贫困村有基本的代表性，对当前中国农村贫困状况和减贫、发展状况有一个横断面式的全景展示。

在以习近平同志为核心的党中央坚强领导下，党的十八大以来的中国特色社会主义实践引导中国进入中国特色社会主义新时代，我国经济社会格局正在发生深刻变化，脱贫攻坚行动顺利推进，每年实现贫困人口脱贫1000多万人，贫困人口从2012年的9899万人减少到2017年的3046万人，在较短时间内实现了贫困村面貌的巨大改观。中国社会科学院组建了一百支调研团队，动员了不少于500名科研人员的调研队伍，付出了不少于3000个工作日，用脚步、笔尖和镜头记录了百余个贫困村在近年来发生的巨大变化。

根据规划，每个贫困村子课题组不仅要为总课题组提供数据，还要撰写和出版村庄调研报告，这就是呈现在读者面前的"精准扶贫精准脱贫百村调研丛书"。为了达到了解国情的基本目的，总课题组拟定了调研提纲和问卷，要求各村调研都要执行基本的"规定动作"和因村而异的"自选动作"，了解和写出每个村的特色，写出脱贫路上的风采以及荆棘！对每部报告我们都组织了专家评审，由作者根据修改意见进行修改，直到达到出版要求。我们希望，这套丛书的出版能为脱贫攻坚大业写下浓重的一笔。

中共十九大的胜利召开，确立习近平新时代中国特色社会主义思想作为各项工作的指导思想，宣告中国特色社会主义进入新时代，中央做出了社会主要矛盾转化的重大判断。从现在起到2020年，既是全面建成小康社会的决胜期，也是迈向第二个百年奋斗目标的历史交会期。在此期间，国家强调坚决打好防范化解重大风险、精准脱贫、污染防治三大攻坚战。2018年春节前夕，习近平总书记到深度贫困的四川凉山地区考察，就打好精准脱贫攻坚战提出八条要求，并通过脱贫攻坚三年行动计划加以推进。与此同时，为应对我国乡村发展不平衡不充分尤其突出的问题，国家适时启动了乡村振兴战略，要求到2020年乡村振兴取得重要进展，做好实施乡村振兴战略与打好精准脱贫攻坚战的有机衔接。通过调研，我们也发现，很多地方已经在实际工作中将脱贫攻坚与美丽乡村建设、城乡发展一体化结合在一起开展。可以预见，贫困地区的脱贫攻坚将不再只局限于贫困户脱贫，我们有充分的信心从贫困村发展看到乡村振兴的曙光和未来。

是为序！

全国人民代表大会社会建设委员会副主任委员

中国社会科学院副院长、学部委员

2018 年 10 月

前　言

一　调研背景

　　消除贫困是人类梦寐以求的理想，是人民追求幸福生活的基本权利。改革开放以来，中国通过政府主导的大规模扶贫开发，让7亿多贫困人口摆脱贫困，成为世界上减贫人口最多的国家，也是世界上率先实现联合国千年发展目标的国家，为全球减贫事业做出了重大贡献。[①]但是，中国扶贫事业中也长期存在贫困人口底数不清、帮扶针对性不强、扶贫资金和项目指向不准等问题。2013年11月3日，习近平总书记在湖南湘西考察扶贫工作时，首次提出"要把工作做细，实事求是，因地制宜，分类指导，精准扶贫"。自此，以习近平同志为核心的党中央系统提出并不断完善精准扶贫重要论述，作出到2020年实现我国现行标准下农村贫困人口全部脱贫的庄重承诺，大力推进脱贫攻坚战。党的十八大以来，脱贫攻坚取得决定性进展。2013~2017年，我国现行标准下的农村贫困人口由

[①]　资料来源于《中国的减贫行动与人权进步》白皮书。

9899 万人减少至 3046 万人，累计脱贫 6853 万人，年均减少 1371 万人；农村贫困发生率由 10.2% 下降至 3.1%。2012~2017 年，贫困地区居民人均可支配收入年均增长 10.4%，比全国农村高 2.5 个百分点。[①]

　　2016 年是脱贫攻坚"元年"，各地的脱贫攻坚工作如火如荼地展开，可以预见，中国大地将形成大量优秀脱贫攻坚实践，同时各种困难和问题也将不可避免地产生。为了及时记录、呈现和总结当前的精准扶贫、精准脱贫实践，总结经验，发现问题，中国社会科学院在国情调研框架下，于 2016 年设立国情调研特大项目——精准扶贫精准脱贫百村调研。该项目计划在全国范围内选取兼具代表性和典型性的 100 个贫困村（含脱贫村）作为调研对象，为每个调研村组建一个子课题组，独立开展调研，要求至少完成 30 个工作日的调研工作量，完成问卷调查的"规定动作"和深入专题调查的"自选动作"，为每个贫困村撰写调研报告。本报告是基于对安徽省亳州市利辛县的一个普通贫困村——永顺村的调研撰写而成的。

二　项目村背景

　　利辛县永顺村位于安徽省北部，是华北平原上一个贫困程度相对较深的村。这个村与其他贫困村相比，贫困状况较为严重，同时又在精准扶贫工作上取得了一些进展。

---

① 资料来源于《2018 中国农村贫困监测报告》。

永顺村所在的利辛县位于安徽省西北部，土地面积 2005 平方公里，其中耕地面积 178 万亩；辖 23 个乡镇、361 个村（居）委会，2016 年末户籍人口 170.9 万人，是一个典型的皖北人口大县。2016 年，全年实现地区生产总值 192.7 亿元，较上年增长 8.8%；固定资产投资 137.3 亿元，增长 18.2%；财政收入 17.2 亿元，增长 12.2%；规模工业增加值 31 亿元，增长 13.8%；社会消费品零售总额 94.6 亿元，增长 12.8%；进出口总额 2946 万美元；金融机构年末各项存款余额 319 亿元、贷款余额 155.5 亿元；城镇常住居民人均可支配收入 24589 元，农村常住居民人均可支配收入 9799 元，分别增长 8.3% 和 8.8%。

利辛县是安徽省一个典型的贫困县。1992 年，利辛县经国家批准列为省定点贫困县，此后一直戴着"贫困县"帽子。1994 年，利辛县被确定为国家"八七"扶贫攻坚重点县，2002 年和 2011 年，利辛县相继被确定为国家扶贫开发工作重点县。2011 年国家划定 14 个集中连片特困地区，利辛县又被列为大别山连片特困地区"片区县"。2017 年，安徽省划定深度贫困县，利辛县是其中九个之一。[①] 2014 年，利辛县建档立卡人数为 20.62 万人，贫困发生率 15.3%，占全省 484 万建档立卡贫困人口的 4.3%。"十二五"期间，利辛县累计投入扶贫资金 4.79 亿元，实施扶贫基础设施项目 661 个，完成了 140 个贫困村整村推进扶贫开发工作，贫困人口由 2011 年的 30.9 万人下降到

---

① 其他的八个县分别是金寨县、太湖县、阜南县、石台县、望江县、萧县、临泉县、霍邱县。

2015 年的 13.68 万人。

永顺村位于永兴镇西南部，下辖 16 个自然庄，21 个村民组，户籍人口 1683 户 5339 人，土地面积约 6.5 平方公里，耕地总面积 7183.24 亩。[①]2014 年，永顺村成为利辛县 90 个建档立卡贫困村之一，当年全村登记总人口 1296 户 5120 人，建档立卡 348 户 784 人，贫困发生率 15.31%；2018 年全村贫困人口 30 户 62 人，贫困发生率 1.16%。[②]

三 调研过程

2016 年 11 月至 2018 年 7 月，课题组对永顺村分多次开展了实地调研，调研共分为四个阶段，课题组主要成员及安徽农业大学、江南大学等单位共 12 人参与调研工作，实际调研时间总计 70 余天，与县、镇、村三级约 15 个部门、100 余人进行座谈访谈，对 110 户农户进行入户访谈。

第一阶段，预调研。2016 年 11 月，课题组对永顺村村情进行摸底调查，收集村民花名册、建档立卡贫困户等基础数据和资料，与村、镇、县相关部门负责同志就相关专题进行了初步交流，并和有关单位就后期开展调研工作进行协调与沟通。

---

① 依据 2017 年土地承包经营权确权面积。
② 以上总人口数据为村干部实际统计的村人口数据，与第一章中总人口数据存在不一致，主要是由于公安系统户籍数据对婚丧嫁娶人口的户籍没有及时调整。

第二阶段，部门调研和抽样问卷调查。2017年2月3~8日，由6人组成的调研团队在利辛县开展政府部门调研和村民问卷抽样调查。县级层面：与扶贫局、农委、规划局、金融办、民政局、教育局、卫计委、财政局等八个部门就本部门在精准扶贫工作中的主要做法、成效、存在问题进行了座谈。镇级层面：与永兴镇镇长及扶贫办负责人进行座谈，了解全镇及永顺村扶贫工作总体情况。村级层面：开展了住户抽样问卷调查，共获得69个有效户样本数据，完成村级问卷调查填写。这两份数据成为对村基本情况和居民以及贫困户基本情况分析的依据。调研组成员还走访了5家新型农业经营主体，与第一书记、村干部等进行了座谈。

住户抽样问卷调查采用随机分层抽样方法，分别以建档立卡贫困户和非建档立卡贫困户为抽样框，采取随机起点等距抽样方法，抽样户无法调查的就近替换。两类住户的抽样目标分别为30户，实际分别完成35户和34户，共获得有效问卷69份。由于缺乏村庄农户总体数据，无法对样本户的代表性直接进行判定。原则上，可以采用加权方法，利用两类住户数据推断全村的情况，但是由于两类住户的收入均值极为接近，而结构差异很大，推断意义不大，故未进行。

第三阶段，专题调研。2017年8月14~18日，由5人组成的调研团队赴利辛县开展专题调研，分为县、镇、村三个层面。

县级层面：与利辛县农委、林业局、扶贫局、畜牧局四个部门就产业扶贫工作的主要做法、成效、存在的问题及未来计划进行座谈；与统计局调查队就贫困监测、收支调查以及对脱贫审核效力等方面问题进行探讨；与县教育局就教育扶贫政策起源、对象重新摸排确定、系统衔接、财力可持续性、效果监测等方面进行座谈；与亳州新能源学校就中等职业教育、乡村医疗卫生状况、农民教育培训、农民免费中等学历教育、网络教育等方面进行座谈。

镇级层面：与永兴镇镇长及扶贫办负责人进行座谈，了解镇产业扶贫、保障兜底、建档立卡、其他贫困村精准扶贫等情况；与镇中心小学负责人、镇卫生院院长进行座谈，了解镇级层面教育、医疗卫生条件、健康扶贫等情况。

村级层面：开展了专项入户调查，编制了一份新的入户访谈提纲，在建档立卡贫困户中，调查了 13 户最困难的农户和 19 户有产业扶贫需求的农户（有劳动能力的户），形成了一份由 32 户组成的抽样调查数据，成为脱贫质量分析的主要依据。对 2 月访问的新型农业经营主体进行回访。与村干部继续进行座谈或访谈，了解村集体经济发展、村庄合并、村委会选举、村民自治等情况。收集整理 2014 年以来历年与建档立卡和脱贫有关的资料、数据，对扶贫项目进行现场考察。

第四阶段，补充调研。2017 年底到 2018 年底，课题组成员陆续开展了补充调查。2017 年 12 月 21~28 日，由 2 人组成的调研团队赴利辛县开展补充调研。县级层面，与林业局就林业产业扶贫现状及存在的问题进行座谈，与扶贫局就当前扶贫工作存在的问题及建议进行座谈。镇级层面，与永兴镇扶贫办就扶贫工作进展及成效进行座谈，并补充完善相关数据。村级层面，与永顺村干部及贫困户、新型农业经营主体等作进一步对接，补充完善相关数据及资料；访问老村干部，了解村庄合并及发展历程等情况。2018年7月13~21日，课题负责人前往利辛县，边写报告边调研，主要调研内容是建档立卡工作过程及数据核实、有关扶贫项目资料和数据、产业项目实地考察等，与第一书记和主要村干部、镇领导继续交流。其间及此后，课题组主要成员一直与镇、村干部保持常态化沟通。课题组成员之一在利辛县农业部门和扶贫部门工作，熟悉情况，经常协助收集资料和参与讨论。

四 调研和写作思路及报告内容

本报告是在实地调研资料和数据基础上撰写的调研报告。调研和报告写作思路均参考费孝通先生的社会学研究方法论，遵循村庄研究的三项基本原则。一是"解剖麻雀"，从对农村社会的基本认识出发，牢牢把握以贫困村、贫困户为对象的原则，对永顺村的扶贫和发展问题进行剖析；二是"见微知著"，立足永顺村个案，反复开展县、镇层面调研，在县域视野下总结精准扶贫工作在村级实践中的主要做法、成效、经验及问题；三是"推动进步"，从村庄繁荣和贫困村发展前景的角度，指出永顺村发展面临的问题，提出该村改进工作的对策思路。

根据研究总体思路，本报告共由七章组成，主要内容如下。

第一章，村情概述，以一个普通皖北村庄视角描述样本村——永顺村。首先，介绍和描述永顺村的基本情况，包括自然地理与农业资源、人口与家庭结构、经济与社会发展、居民收入与生活水平等；其次，概述永顺村村庄合并过程与村民自治情况，包括两次合并情况、合并后三次村委会选举情况、合并以来的治理情况及"能人"型后备干部培养。这里暗示村庄合并埋下了村庄治理不顺畅的"伏笔"。

第二章，建档立卡与贫困人口变动。系统梳理永顺村主要时间节点建档立卡与贫困人口变动情况，包括首次建档立卡情况、"回头看"与调整情况、精准核查月活动与调整情况、"再回头"信息核查与调整情况，细致分析建档立卡数据变动及其原因。利用建档立卡系统数据和抽样调查数据，描述和分析了永顺村建档立卡贫困人口的主要特征。对建档立卡工作和数据的了解，占用了后期补充调研以及报告写作的相当大的精力，至少有1/3，最终我们发现，系统本身的复杂性以及线下识别过程的被动性和不规范性共同导致了这种局面。

第三章，贫困村的扶贫治理体制机制。借助资料，首先，分析和构建了村级定点帮扶总体构架，其次，从四个方面系统叙述永顺村的帮扶体制机制，包括单位包村的体制机制以及包村帮扶工作开展情况；驻村帮扶开展情况，主要是驻村扶贫工作队的工作开展情况，工作队长也是驻村第一书记；干部包户的落实情况，主要是帮扶责任人的变更以及基本的履职情况；村"两委"扶贫工作开展情况以及扶贫专干的工作开展情况。

第四章，扶贫项目和资金。主要从投入（来源）的视角，归类整理和分析永顺村在脱贫攻坚期间获得的各类扶贫项目和扶贫资金。项目和资金有时候是配套的，有时候则不是。很多时候，一个项目需要多方面资金投入才能实现，典型的如道路建设、光伏电站建设等，产业扶贫项目也是如此，通过多方筹集资金方式促成项目的实施。政府融资和社会帮扶资金的增加是重要保障。

第五章，精准扶贫措施。主要从项目和措施实施的角度，分类论述各类精准扶贫措施在永顺村的开展情况及其基本效果。根据重要性程度，报告分析了六大类措施，分别是产业扶贫、就业扶贫、健康扶贫、教育扶贫、住房安全保障以及作为社会保障的低保和五保。光伏扶贫和林业扶贫纳入产业扶贫；基础设施建设和社会扶贫在项目和资金部分已经予以了较好的论述，所以在此不再涉及。健康、教育、住房"三保障"方面还分别描述了永顺村的基本情况。

第六章，脱贫与村庄发展。本章从全村的视角看永顺村的脱贫成效。首先是对直接的脱贫效果的评价，也就是脱贫质量评价，使用了建档立卡数据和抽样调查数据。其次，以2016年底脱贫出列为节点，作为对"脱贫不脱政策"机制的响应，专门论述了2017年以来的后续帮扶开展情况。对于永顺村这样的较早脱贫的村来说，由于有持

续的帮扶，真正的发展亮点在脱贫后，产业发展难题也在
之后才体现出来。接下来，站在全村视角，概括了村庄发
展的基本情况。最后是回应报告之初提出的分析思路，对
永顺村的内生性发展给出中性偏积极的评价。

第七章，调研思考。本章具有总结性质。首先以村为
基点，分析就贫困村的扶贫和发展而言，县、镇、村三级
各发挥了什么作用，结论是正面的，贫困村的发展离不开
县、镇两级的积极作为。其次，分别论述村级精准扶贫的
成功经验和存在的问题，最后是几条兼具对策建议性质的
研究结论。

目　录

第一章

一个希求平顺的普通皖北村庄

一般意义上，皖北的资源条件、区位优势以及发展水平在安徽省算是相对落后的。利辛县作为一个长期的贫困县，其发展状况在皖北又属于后进行列。永顺村在利辛县农村大体上处于中等水平，不是很差，也不是很好。这里所说的普通皖北村庄可以给读者一个直观印象，可以联想到平原、缺水、地大、人多、环境卫生不好、住房无特色等特征。本章描述永顺村的基本村情，包括自然条件、人口特征、经济与社会发展状况、村庄治理情况。这些情况表明，永顺村符合其是普通皖北村庄的判断。永顺村村名的含义不言而喻，即希求平安顺利。这个村名并不是一个传统的名字，因为它是村庄合并后重新取的。这暗示着，并村有可能会是这个村发展进程的一个影响因素。因此，本研究特别重视对村庄治理的考察。

第一节　村情概况

一　自然地理与农业资源

　　永顺村位于淮北平原（华北平原的一部分）中部，是安徽省亳州市利辛县永兴镇下辖的一个行政村。永兴镇是利辛县的一个中等规模和发展水平的乡镇，位于县城西南方向，县域边缘，由 305 国道（阜阳—蚌埠公路）相连，距离县城约 24 公里。永兴镇距离 305 国道 4 公里左右，镇域内有滩阜铁路穿过，并设有火车站一座。永兴镇是一个典型农业大镇，土地面积 70 平方公里，其中耕地面积 6.31 万亩，辖 12 个行政村、183 个自然村、297 个村民组。全镇户籍人口 5.1 万人，其中农业人口 4.9 万人。[①] 根据镇政府提供的资料，2016 年永兴镇实现地区生产总值 8.2 亿元，较上年增长 9.5%；固定资产投资 1.68 亿元，增长 15%；财政收入 386.2 万元；规模工业增加值 1.01 亿元，增长 70%；社会消费品零售总额 4.06 亿元，增长 11%；农村常住居民人均可支配收入 9876 元，增长 9.8%。

　　永顺村位于永兴镇西南部，距离镇政府约 4 公里，与阜阳市颍东区的冉庙乡、插花镇相接，土地面积约 6.5 平方公里。该村地形属于典型的华北平原，村域内一马平川，只有平地和沟渠，没有任何山地、丘陵乃至河流、

[①] 数据来自利辛县人民政府网站（http://www.lixin.gov.cn/2670249.html）。由于"村改居"，"居民"人数会增加，但是未改农业人口属性。

湖泊。该村土壤肥力中等，区域内土壤以砂姜黑土为主，近年来随着农业综合开发和测土配方施肥技术的推广，土壤的理化性状正逐步改良，高标准农田建设和中低产田改造取得一定成效。该村属于暖温带半湿润季风气候区，有明显的过渡性特征，年均气温 14.8℃，无霜期 215 天，年均日照时数 2223.4 小时，年均降水量 823.9 毫米，光热水土等资源组合整体较为协调，适宜多种农作物生长。

永顺村下辖 16 个自然村（当地叫自然庄）、21 个村民组。永顺村二轮土地承包面积 5913.91 亩，全部由家庭承包，无集体机动地。经过 2015 年至 2017 年 3 月土地确权，实测耕地总面积为 7183.24 亩，比二轮承包面积高 1269.33 亩。按总人口 5339 人计算，人均实有耕地面积 1.35 亩。截至 2017 年 3 月，全部农业用地均完成了确权登记发证，近年来未发生土地征用，也没有耕地闲置撂荒现象。由于村域范围内及附近没有大的河流湖泊，永顺村的农业灌溉主要依靠降雨和机井提取地下水。通常情况下不会发生涝灾，但有的年份存在干旱缺水现象。

二 人口与家庭结构

根据课题组获取的 2014 年居民名单，当时全村共有 1530 户 5280 人，其中农户占 99.24%。2017 年 11 月公安部门户籍人口登记显示，永顺村居民数为 1715 户 5383 人。从 2014 年到 2017 年，永顺村居民户数增加了 185 户，而人口数只增加了 103 人。相应地，户均人口从 3.45 人下降到 3.13 人（见表 1-1）。户数变化显示，这三年内村内发生了较为明显的分户现象。

2014 年，全村男女性别比为 52.7∶47.3，男性明显多于女性。该比例在 2017 年微变为 52.8∶47.2，可忽略不计。永顺村的人口年龄结构老龄化特征明显。2014 年，全村 60 岁以上老年人口比例为 19.05%，65 岁以上老年人口比例为 14.51%，均明显高于全国平均水平（15.5% 和 10.1%）；15 岁以下未成年人口比例为 11.79%，明显低于全国平均水平（16.5%）。[①] 从 2014 年到 2017 年，虽然老年人口比例有所下降，但是不改老龄化格局（见图 1-1）。2014 年永顺村村民平均年龄 38.8 岁，较多地集中于 20~54 岁区间；2017 年永顺村村民平均年龄 35.5 岁，较 2014 年平均年龄降低 3.3 岁，主要是 0~10 岁人口增多。

表 1-1　永顺村户数和人口数变化

单位：户，人

时间	户数	人口数	户均人口数
2014 年底	1530	5280	3.45
2017 年 11 月	1715	5383	3.13

资料来源：永兴镇派出所。

从家庭人口规模看，2014 年，全村 1 人户和 2 人户比例分别为 12.29% 和 15.03%；占家庭结构主体的 3 人户和 4 人户的比例分别为 21.11% 和 30.13%。[②] 其中，2 人家

---

① 全国平均数来自《中国统计年鉴》。
② 由于数据限制，无法计算 2017 年的家庭结构比例。

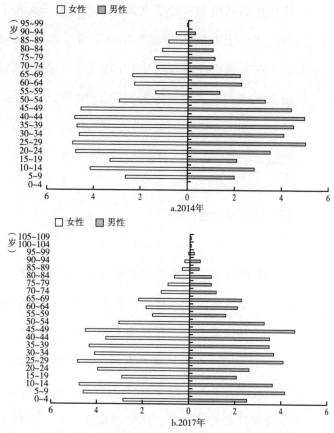

图1-1　2014年和2017年永顺村人口年龄金字塔

资料来源：永兴镇派出所。

庭户中，只有66.5%为夫妻家庭，其他均为不同类型的单亲或单身家庭户，包括隔代单亲家庭、两代或同代单身家庭等。在3人家庭户中，平均每户有1个子女，配偶比例为84.5%，即约84.5%的3人家庭户为核心家庭，其他则为不同类型的组合家庭。在4人或4人以上家庭户中，核心家庭、主干家庭和各种形式的联合家庭所占比例分别为66.5%、19%和14.5%。[①] 其中，联合家庭的具体构成包

---

① 核心家庭指由一对夫妻和未婚子女组成的家庭；主干家庭指由连续两代夫妻及第二代的未婚子女组成的家庭；多人家庭的其他类型皆归为联合家庭。

括户主的已婚和未婚子女共存、户主的子女和弟妹共存、四代人以上共同生活、有其他亲属（如舅舅、伯父、外甥）在家庭户口内等。对于 192 个 1 人家庭户，其平均年龄为 59.5 岁，其年龄段分布除了 30 岁以下以及 50~59 岁比较少外，大体上比较均匀，且 60 岁以上的高达 56.8%，显示当地老年分家的现象是比较明显的。[①]

三 经济与社会发展

永顺村是一个典型的农业村，村内的主要经济活动基本上只是农业生产，没有工业生产活动，也没有除了商店之外的其他服务业。村民的主要经济活动是本村务农和外出务工经商，本地从事非农经营或就业为其次。2016 年，全村外出务工人员约为 1660 人，占劳动力总数的 48.34%，主要在江浙等地就业，职业以建筑工人、厨师以及水果等农产品销售等为主。相应地，农民收入来源主要是务工经商收入和农业收入。永顺村农业经营主要是各家各户独立经营的大田农业。全村实有农用地面积 7183.24 亩，其中 2016 年底确权登记发证面积 6893 亩。2017 年调查时，全村农业用地的使用情况是，约 500 亩为果园，约 200 亩为林地，畜牧养殖和水产养殖的面积分别为 15 亩和 40 亩，[②]剩下的都是有效灌溉耕地。2016 年，全村 1683 户中，约 260 户将耕地流转出去，其他的仍然自行从事农业经营。

---

① 根据永顺村人口身份证登记资料整理。
② 水产养殖面积到 2018 年增加到 200 亩左右。

永顺村的现代农业发展是和土地流转以及经营主体变化同步发生的。2014 年以前，耕地流转比例很低，近年来不断提高。2016 年，全村土地流转面积约为 1700 亩，流转比例 24.66%，流出 260 户，流入 6 户，流转平均租金 800 元 / 亩。2017 年，土地流转面积增加到 2300 亩，流转比例为 1/3。[①] 村内农田主要种植小麦、玉米等粮食作物，适度发展了其他经济作物和养殖业。以 2016 年为例，小麦、玉米种植面积约 5100 亩，葡萄 300 亩，黄桃 360 亩，蔬菜 100 亩，油菜、花生、大豆、芝麻等作物种植面积约 400 亩。永顺村的新型农业经营主体最早产生于 2009 年，是一家兼营农业的农机服务合作社。近年来，永顺村新型农业经营主体增加速度加快，截至 2018 年初已经达到 17 个，其中农民合作社 3 个、家庭农场 6 个、专业大户 6 个、农业企业 2 个，包括一个粮食加工企业。粮食之外的其他经济作物大部分是由新型农业经营主体生产的。永顺村没有地表水源，农田灌溉主要通过机井提水和沟渠引水灌溉，拥有机电井约 100 个。[②] 主要农作物综合机械化率达到 50%，[③] 显示村内现代农业有较快发展速度。

不过，永顺村集体经济薄弱。2015 年前，村集体几乎没有经济收入，也没有集体经济或集体经营。实施精准扶贫以来，村集体以村支书个人名义注册了一个村集体企业——月新农业发展有限公司，以公司名义流转了一部分

---

① 以 6893 亩为基数。
② 资料来源于村级调研问卷。
③ 资料来源于与村会计座谈。

村内耕地，并承接归村集体所有的光伏资产。2016年村集体经济收入6万多元，主要为光伏发电收入，无其他收入来源；2017年村集体经济收入增加到9万元，除了光伏发电收入外，还有一笔蔬菜大棚租金收入2万多元。村集体转入的土地，主要是为其他经营主体协助流转土地时产生的来自转出农户的零星土地，目前仍只是种植普通作物，没有更好的经营思路。

截至调研开始时，永顺村已经完成了一定程度的基础设施建设。通村主干道路为水泥硬化路，总长度约8公里，道路路面宽度4米；村内通组道路长度约8公里，还剩约3公里通组道路未硬化。由于本村地处县界，通村道路仅到本村主要自然庄为止，不存在穿村而过的公路。电力方面，很显然，村内所有农户均已通民用电，但是动力电只能供少数现有企业使用。饮水方面，全村90%居民家庭已经接通集中供应自来水，另外10%仍使用井水，不过基本上是自行安装的动力提水和管道供水，不存在没有水源、水质不卫生、需要到远处提水等饮水不安全情形。电子通信方面，由于地处平原地带，全村很容易地实现了手机信号100%覆盖；相当多的家庭都使用智能手机，使用者估计有2000人。因此，尽管家里使用电脑的农户不多（估计有50户左右），但并不影响村民"触网"。[1] 电视信号方面，据估计，约1/3家庭使用有线电视，约1/4家庭使用卫星电视（俗称"大锅"），剩下的为各种其他情况。家

---

[1] 2018年春节期间，笔者还被一位永顺村居民拉进一个拜年群里。

里没有电视机的户数有一二十户，家里没有手机或电话的户数有三四十户。环境卫生方面，得益于精准扶贫，村内近年修建了 20 个垃圾池，安装了 260 个垃圾箱，垃圾集中处置比例达 90%。在就业扶贫政策下，村内设置了环卫公益岗位，负责维护村庄主要公共部位的环境卫生。据观察，这些举措的确大大改善了村庄环境卫生条件。

永顺村的农村社会公共服务设施近年来也得到改善。村里拥有小学教学点 1 个，招收一至四年级学生以及学前班幼儿。2017 年上半年，在校小学生 79 人，学前幼儿 13 人，拥有专任教师 9 名，外聘幼教老师 1 名。[①] 村内拥有卫生室 1 个，职业（助理）医师 5 人，由以前两个村卫生室合并而成。村内没有敬老院，部分需要集中供养的老人在镇敬老院收养。村部办公楼里设有图书室 1 个，但是图书种类不多。

四　居民生计

近年来，永顺村通过发展特色产业、建立光伏电站、培育新型农业经营主体、实施土地流转等多种方式来增加农民收入。由村干部提供的"官方"农民收入水平低但是稳步增长。2014 年和 2015 年，该村农民人均纯收入分别为 5266 元和 5989 元。[②]2016 年，村农民年人均纯收入

① 数据来源于吕集教学点调查。
② 根据村级访谈，目前村级层面一般没有进行科学统计，农民人均纯收入等收入指标，仅在上级需要数据时大致估算一个"对外公开发布"的数据。永顺村在 2016 年前估算时考虑本村仍然是贫困村，而 2016 年后是非贫困村。因此，2016 年收入数据与 2015 年相比增长较快。

达到 7400 元，比 2015 年增加 23.56%；2017 年，农民年人均纯收入 8000 元，比 2016 年增加 8.11%。永顺村农民收入水平均低于永兴镇和利辛县农村常住居民人均可支配收入。永兴镇 2016 年农村常住居民人均可支配收入 9876 元，增长 9.8%；利辛县 2016 年农村常住居民人均可支配收入 9862 元，增长 9.5%。接下来，用农户抽样调查数据，对一般农户与贫困户进行比较，来揭示永顺村居民生计条件。

（一）样本户劳动力及就业

本部分数据来自调查问卷的 F 部分。对每个样本户调查 2 个劳动力，如果不足 2 个劳动力，则如实调查。69 个样本户中一共调查了 78 个劳动力，其中有效数量为 76 个。基于问卷调查数据，调查样本户中，贫困户比非贫困户在劳动力数量、劳动天数、工资水平以及收入水平上均存在明显劣势。首先，所有样本户均劳动力人数为 1.4 个，其中贫困户和非贫困户分别为 0.71 个和 2.03 个；其次，年人均劳动天数，贫困户和非贫困户分别为 152.2 天和 216.4 天，后者比前者多出 2 个月；再次，平均日工资水平，贫困户和非贫困户分别为 86.7 元和 138.5 元，后者比前者高出 60%；最后，由于劳动天数和工资水平两方面的因素，贫困户和非贫困户劳动力的年人均劳动收入分别为 11334 元和 22534 元，后者几乎比前者高出 1 倍。不过，两类劳动力的经营性收入和工资性收入比例几乎一致（见表 1-2）。

表 1-2　样本户劳动就业状况

项目	贫困户	非贫困户
户均劳动力人数（人）	0.71	2.03
无劳动力户比例（%）	45.71	0
年人均劳动天数（天）	152.2	216.4
年人均劳动收入（元）	11334	22534
平均日工资（元）	86.7	138.5
调查劳动力人数（人）	25	51

资料来源：抽样调查数据。

（二）样本户收入水平及构成

根据抽样调查样本数据，全部样本家庭人均纯收入为11197.57元，明显高于官方提供的全村农民年人均收入数据。建档立卡户人均纯收入还略高于非建档立卡户，自然明显高于脱贫收入标准。① 但是，建档立卡贫困户收入中转移性收入占纯收入比重高达 72.22%，而非建档立卡户仅为 8.43%。非建档立卡户收入主要来源于工资性收入，占比 75.64%，而建档立卡贫困户仅为 16.97%（见表 1-3）。

表 1-3　样本农户 2016 年家庭人均纯收入

单位：元

农户类型	人均纯收入	家庭工资性收入	家庭经营净收入	财产性收入	转移性收入
建档立卡户	11217.13	1904.01	999.73	212.69	8100.69
非建档立卡户	11177.43	8454.13	1683.69	97.73	941.87
全部样本	11197.57	5131.61	1336.75	156.05	4573.16

注：纯收入为农民家庭工资性收入、家庭经营性收入、财产性收入和转移性收入之和减去经营成本后所得的净收入。

① 非建档立卡贫困户中已剔除有高额支出的 1 户。

（三）样本户消费水平及支出结构

贫困户与非贫困户的消费支出水平和结构的对比也有鲜明的特征（见表1-4）。从消费支出总额上看，贫困户人均支出超过10000元，几乎用光其收入，比非贫困户高出3000多元。这种差别主要体现在支出结构上。贫困户只是在实际医疗费用支出上远远大于非贫困户，分别为5624.13元和611.41元，前者比后者高出5012.72元，而贫困户的总消费支出比非贫困户高3000多元。换句话说，如果扣除医疗费、保险费，贫困户和非贫困户的人均消费支出将分别变为4522.52元和6329.19元，非贫困户比贫困户高出1800多元。

消费数据对比说明了两个问题：一方面，贫困户实际生活消费支出明显低于非贫困户；另一方面，贫困户的大量支出用于医疗费，抬高了其总支出。而从上文的收入结构分析可知，贫困户的人均收入较高，很可能是因为子女为了支付长辈的医疗费用而增加了转移支付。因此，医疗方面的大额收入和支出只具有"记账"意义，实际作用不大。

表1-4　样本户消费水平及支出结构

单位：元

项目	贫困户	非贫困户
生活消费总支出	10257.12	7151.96
食品支出	2785.76	4266.51
报销后医疗费用支出	5624.13	611.41
教育总支出	89.59	879.96
养老保险费	36.03	71.70
合作医疗保险费	74.44	139.66
礼金支出	656.53	1100.48

资料来源：抽样调查数据。

（四）样本户住房条件

永顺村居民的住房情况总体良好。直观上看，村民大部分住房均为楼房，其间夹杂着平房以及一些低矮破旧的危房。抽样调查数据显示，69个样本户平均拥有自有住房0.97处，其中8户无自有住房，6户拥有第2套住房。无自有住房的住户一般都借用或寄居在子女等其他家庭。所有样本户当时所住房屋56.52%为平房，平均住房面积132平方米，常住人口平均住房面积39.8平方米。其中，户内最大和最小人均住房面积分别为300平方米和5平方米，户内人均住房面积小于25平方米的有18户，占26.09%，其中贫困户和非贫困户各占一半。

贫困户和非贫困户的住房满意度比较，计算简单均值的话，分别是2.51和2.35，T检验差异不显著，但是具体分布有所不同（见表1-5）。贫困户的满意度评价比较分散，各种类型都有，满意的比较高，不满意的也比较高；非贫困户评价比较集中，比较满意和一般合计占76.47%，非常满意和不太满意均为11%左右，没有很不满意的。

表1-5　样本户住房满意度分布

单位：%

住房满意度	贫困户	非贫困户
非常满意	21.21	11.76
比较满意	36.36	52.94
一般	18.18	23.53
不太满意	18.18	11.76
很不满意	6.06	0

资料来源：抽样调查数据。

（五）生活评价

样本户的各项生活评价总体上尚可，表明对现状满意，对过去几年的变化非常满意，但是对未来的预期一般。贫困户与非贫困户在各项指标的评价上互有高下。我们对满意度、幸福感程度、变化程度等5级序数值计算了简单平均值，发现在贫困户和非贫困户之间差异都不显著。①

我们列举了几个主要生活评价指标的分布数据（见表1-6）。具体来说，对生活满意度的评价中性偏好，大部分认为比较满意或一般，评价非常满意或者不满意的比例相对较小，但是非贫困户的不满意比例达到24.24%。对收入满意度的评价最低，一般或者不满意的比例合计超过70%，其中贫困户不满意比例超过40%。对最近5年的生活变化，绝大部分样本户都给出了积极正面评价，认为"好很多"或"好一些"的比例达到70%以上，非贫困户感受的变好比例约82%。至于对于5年之后的生活预期则不如前5年的变化那么乐观，分布较为分散，认为会变好的比例只有57%，而认为可能变差的比例达到30%。表1-6中最后的"与本村多数人比的生活水平"指标虽然不代表实际水平，但是表明调查户对自己的经济地位评价是比较低的。

① 系数代表等级，其加总值或平均值不具有绝对值意义，但是横向比较可以判断满意、变化等程度的高低。

表1-6 样本户部分生活评价指数分布

单位：%

评价指标	类别	非常满意 / 好很多	比较满意 / 好一些	一般 / 差不多	不满意 / 差
生活满意度	贫困户	15.15	42.42	30.3	12.12
	非贫困户	12.12	30.30	33.33	24.24
收入满意度	贫困户	3.03	18.18	30.30	48.48
	非贫困户	3.03	24.24	33.33	39.39
与5年前比的 生活变化	贫困户	51.52	24.24	9.09	15.15
	非贫困户	39.39	42.42	15.15	3.03
觉得5年后的 生活变化	贫困户	18.18	39.39	15.15	27.27
	非贫困户	24.24	33.33	9.09	33.33
与本村多数人 比的生活水平	贫困户	0	6.25	53.13	40.63
	非贫困户	6.06	15.15	36.36	42.42

第二节　村庄合并与治理

一　永顺村的渊源与合并史 [①]

（一）集市与梨园的历史传说

从人口和地域看，永顺村的主体部分是原来的吕集村，它的自然庄数、地域数以及人口规模都是最大的，现在村民口头上还是叫吕集。据调查，吕集颇有历史渊源，

---

① 吕集村资料来源于与第二次合并前的吕集村村支书座谈。

据说已有500多年历史，原本是一个集市，又是交通要塞，东至马店孜（镇）、胡集（镇），西至王老人集（王人镇），南至阜阳插花（镇），北至王市（镇）都有客商来往。当时集市非常繁华，有多家饭店、商铺和粮铺，还有说书场、戏园。

相传清朝光绪年间（100多年前），本地一吕姓富豪喜得贵子。此子便是村民吕学义的祖上，自幼爱好异常，长大成人后，独爱流连于戏台之间，常与戏子为友。一日吕氏前去听曲看戏。一般看客不过是凑热闹，他自幼喜欢戏曲，不仅听出超绝的唱功，更能体味戏文的辛酸苦辣。吕氏台下与戏子一见倾心，形影不离。由于世俗偏见，门第有别，一个是富贵缠身，一个出身梨园，天生妙嗓但寄人篱下，最终迎来分别之日。为纪念他们昙花般的爱情，他遍植梨树，梨园梨树有很多品种，如细梨、蜜梨、酥梨、红梨、雪春梨、鸭梨等，故而吕集又称"梨园"。新中国成立后，梨园交于集体，后来又分到户，逐渐砍伐殆尽。如今，梨园旧址已建起学校，原称梨园小学、吕集小学，现为吕集教学点。幸运的是，目前校园内仍存活一棵老梨树，每年都枝繁叶茂、硕果累累，是梨园之乡的象征。除此之外，过去的集市和要塞已经荡然无存。

（二）两次村庄合并

永顺是一个较为现代的名字，而当地的地名一般都比较传统或"土"。这是因为，永顺村是两次村庄合并后形成的。第一次村庄合并发生于2004年4月，由原吕集村和徐大村合并；其中，原吕集村共 11 个自然庄，徐大村共 4 个自然庄，合并后共计 15 个自然庄，命名为吕集村。第一次合并主要是应政府要求而进行的。这两个村虽然接近，但是它们中间被邻近的部分阜阳市地域分割开，往来和管理不方便；也有人说两个村之间存在矛盾，不便于管理。原徐大村位于原吕集村的西北方向，现在属于徐寨村的一部分，处于该村的南部。徐大村对于利辛县或永兴镇来说都是地处更为偏远，无论是与吕集村还是徐寨村的其他自然庄都还有些距离。于是，2008 年进行了第二次合并。这次合并，先将原徐大村的 4 个自然庄从吕集村分离出来，并入徐寨村；再将吕集村与位于其东北方向的老家村合并。原老家村共有 5 个自然庄，合并后合计 16 个自然庄。第二次合并时，吕集和老家两个村对于合并后的村名产生不一致意见，最终在镇党委调解下，决定合并后的村重新命名，并最终定为永顺村——永远平安、顺利的新村①（见表 1-7）。

现永顺村的 16 个自然庄中，属于原吕集村的 11 个自然庄分别是吕营、吕寨、兰寨、兰牌坊、兰灯庄、周庄、徐小庄、兰关滩、高庄、徐腰庄、化庄；属于原老家村的 5 个自然庄分别是老家、窑后、瓦门楼、九庄、桥口。第二次合并时，原吕集村人口约 3400 人，原老家村人口约 1800 人，合计 5200 余人。村庄人口增长缓慢，10 年间仅增加了不到 200 人。2017 年 11 月利辛县进行"村改社区"，

① 此次一共给三个村重新命名，分别是永兴、永顺和永安。

永顺村变更为永顺社区。由于本研究自 2016 年底开始，因此报告内仍习惯性称为永顺村。在地图上看，原吕集村和老家村自然庄分布都相对集中，中间有较为明显的田野分割。一直到村改社区之前，虽然行政村发生了变化，但是自然庄一直未变。但是当前，村内正在进行新村建设，也许若干年后，自然庄布局也会发生变化。

表1-7　永顺村两次合并情况

单位：个

2004 年以前		2004~2008 年		2008 年以来	
原村名	自然庄个数	村名	自然庄个数	村名	自然庄个数
徐寨村	11	吕集村	15	徐寨村	15
徐大村	4				
吕集村	11			永顺村	16
老家村	5				

资料来源：根据永兴镇脱贫攻坚地图及访谈资料整理。

二　合并后的村庄治理

（一）三次"两委"选举过程

改革开放以来，中国农村基层最基本的治理机制就是村民自治，最基本的治理结构就是"一会两委"，即村民会议（或村民代表会议）和村党支部委员会（或党总支委员会）、村民委员会，后两者分别简称党支部（支委）和村委会（村委）。村民自治的直接法源是 1998 年制定和 2010 年修订的《村民委员会组织法》（简称《村组法》），

《村组法》的上位法源分别是《宪法》和《党章》。《宪法》规定，村民委员会是基层群众性自治组织，《村组法》就是对这一条款的落实。《党章》规定，村级党组织领导本地区的工作和基层社会治理，支持和保证经济组织和群众自治组织充分行使职权。这一条写入《村组法》总则，确立了村支部的领导核心作用，使基层党组织与自治组织的关系类似于各级党委和政府的关系。《村组法》还规定了村民代表会议的性质、村民代表会议的组成和职权，以及村委会与村民会议的关系。因此，《村组法》实质上是一部未命名的村民自治法，搭建了村内"党支部—村民（代表）会议—村委会"的治理架构，类似于各级政府的"党委—人大—政府"架构。《村组法》还规定了村建立村务监督机构，向村民代表会议负责。

在此概述村民自治机制常识，是想表明，一个合理的村庄治理结构对于村公共事务的运行和管理有着重要价值，包括选对合适的人和形成顺畅的运行机制，这是我们考察作为合并村的永顺村的村民自治的切入点。已有的研究表明，村庄合并后的治理往往要经历一段调整甚至冲突和适应的过程，例如本报告将要进行比较的霄坑村。[①] 同样地，永顺村也未能幸免。自从 2008 年第二次合并以来，永顺村已经开展了 4 次"两委"换届选举，这里先呈现前 3 次选举的结果（见表 1-8）。

---

① 檀学文等：《霄坑是怎样炼成的——安徽省霄坑村调查》，中国社会科学出版社，2013。

表1-8　永顺村三次村"两委"选举结果

选举年份	村两委	书记/主任	委员
2008	支委	李月新	高明才、李子臣、李香民、兰云发
2008	村委	选票未过半，没有选举成功，李子臣主持村委工作	
2011	支委	李月新	高明才、李子臣、李香明、李连明
2011	村委	高明才	兰思军、徐影
2014	支委	李月新	高明才、李子臣、兰思军、吕少山
2014	村委	高明才	徐影、赵利

资料来源：村内访谈。

　　第一次选举发生在2008年并村之后。由于已经找不到资料，所有信息基本上来自当事人的回忆。大体上，当时两村刚合并，形势比较混乱。一种说法是，吕集村又大又落后，而老家村比较小，治理得也比较好。所以，第一次选举时，党员选出了支委会和支部书记；但是没有举行村委会选举，而是由镇党委指定一位党委委员主持村委工作。对此还有别的说法。一种说法是"未选"。来自吕集的一位年轻的前主任吕某得到镇党委的支持，自己也愿意选，但是由于一些个人原因，估计选不上；如果要搞选举，能选上的可能是"兰百万"，[①] 而这又不是党委愿意看到的，于是出现了不选举的情形。另一种说法是"投票无效"，就是进行了投票，但是选票未过半，选举不成功，才出现了由党委指定支委委员负责村委工作的情形。这次选举的支委中，李月新为书记，李香民、高明才、李子臣和兰云发4人为委员，李子臣作为前老家村的村主任，被指定承担村委工作，但是并不存在一个选举产生的村

精准扶贫精准脱贫百村调研·永顺村卷

① "兰百万"是当地村民给兰思军起的一个绰号。

委会。

第 2 次选举发生于 2011 年。这次选举是按照规范程序进行的，支委和村委换届同时进行。支委换届采取"两推一选"方式，分别由村民和党员推选候选人，再由党员投票选出支部委员。村委换届采取村民无记名海选候选人，再由全村有投票权居民投票选出村委委员。村办公室目前已经找不到当时的投票记录，根据回忆，当时有选举权人数 3200 人，参加投票人数约 2300 人。支委和村委成员都成功产生，李月新连任支部书记，支部委员变动一人，李连明替代兰云发。高明才担任村委会主任，兰思军和徐影为村委会委员。徐影是女同志，以前是计生专干，相当于妇联主任。兰思军是外出经营小有成就后回乡的。2008 年选举未能进入"两委"，2011 年进入了。据说，这次村委会换届时，来自老家村的总支书记李月新希望来自吕集村的高明才参选村主任，以便使村班子成员比较均衡。高明才也指出，虽然自己的老父亲当了一辈子村干部，但是本人并不愿意担任正职，是被动员之后才参选的。

2014 年进行了第 3 次选举，选民人数与投票人数与上次相似。这次选举结果较为稳定，略有变化。李月新和高明才分别继续担任支部书记和村主任，支委有 3 人维持不变，李香民退出，[①]兰思军由村委委员变为支委委员，吕少山接替李连明。村委委员则由徐影和赵利担任，均为女性，并且都是过去的计生专干。

---

① 李香民是并村前的老村干部，并村后又在村里干了两届。离任后，他继续被聘为村会计，是重要知情人。

（二）当前的村治结构

当前的永顺村治理结构由三套机制组成。首先是村民代表会议，在这里叫群众代表，由110位村民代表组成。村民代表在支委换届与村委会换届之间由各村民组推选产生，每15户1个代表。《村组法》规定村民代表会议由村民代表和村委组成，由村委会主任召集。在有些地方，村委委员是村民代表的一部分；但是在永顺村，村委委员没有被列入村民代表名单。村民代表会议下设监督委员会和民主理财小组。监督委员会由3人组成，均为村民代表（见表1-9）；民主理财小组由5人组成，包括3位村民代表和2位"两委"成员。其次是村党总支及相关设置。党总支由支部书记和4位委员组成。开展脱贫攻坚以来，上级下派了第一书记。党总支之上设有由32位党员组成的党员代表会议，之下设有2个党支部和6个党小组。7位村"两委"成员均为党员代表。最后是村委会，由主任和两位委员组成。

表1-9　永顺村监督委员会基本情况

机构	姓名	性别	职务	出生年份	文化程度	其他社会身份
监督委员会	李飞	男	主任	1969	初中	村民代表
	兰恒志	男	委员	1934	小学	村民代表
	刘学义	男	委员	1952	初中	村民代表

数据显示，调查期间的7位村"两委"干部，总体上年龄偏大，50岁以上6人，最大的已经60岁；但是文化程度尚可，包括5位高中（中专）和2位初中文化。从接

触情况看，村干部知识较为陈旧，整体文化素质偏低，计算机等信息化、办公化水平较低，观念意识缺乏。永顺村实际治理机制的鲜明特点是"两委"分工不明显，总支书记和村主任共同主事，7位成员按照村域网格化管理，分工包片负责不同的自然庄（见表1–10）。村内的16个自然庄划分为22个村民组，各庄村民的大小公共事务均由包片村干部负责。

表1–10　永顺村"两委"人员基本信息及分工情况

机构	姓名	性别	职务	出生年份	文化程度	户籍地	分工情况
党总支	刘虎	男	第一书记	1978	大学		负责村全面工作
	李月新	男	总支书记	1965	初中	老家—瓦门楼	负责村全面工作，承包瓦门楼
	高明才	男	总支委员	1958	高中	吕集—高庄	负责村委工作，承包高庄、吕寨庄、徐小庄、周庄
	吕少山	男	总支委员	1973	中专	吕集—吕寨	承包兰寨庄、兰灯庄、兰牌坊
	李子臣	男	总支委员	1959	高中	老家—老家	承包老家庄、化庄、九庄、桥口庄
	兰思军	男	总支委员	1961	初中	吕集—兰牌坊	承包腰庄、兰关滩
村委会	高明才		主任				交叉任职总支委员
	徐影	女	委员	1963	高中	吕集—高庄	计划生育，承包吕营庄
	赵利	女	委员	1965	初中	吕集—兰灯庄	计划生育，承包窑后庄

（三）村治工作开展情况

大体上，在2014年开展精准扶贫工作以前，村"两委"成员相互支持配合、分工协作的意识不够强。受年龄、学历、能力等因素制约，村"两委"主要负责人对上级党委、政府的相关政策措施很难说能够弄清、吃透。"两委"基本上只负责基本公共事务和上级交办、要求的工作，工作没什么计划，缺乏村发展长远规划，发展思路不清、方向不明，发展理念、重点不突出，抓手不具体，导致发展较为滞后。开展精准扶贫后，在相关支持政策的作用下及第一书记带领下，软弱涣散的局面有了较大的改观。

对于村里的日常工作是怎么开展的，村干部也不大能讲得清楚。根据2018年7月对高明才主任的访谈，村干部工作除了扶贫和发展产业，主要是收缴合作医疗费和养老保险费，处理老人、病残家庭的一些实际困难，以前还有计划外生育社会抚养费征收工作等。过去的村部是一座独立的小院，位于老家庄，内有一幢两层小楼。日常办公在一层的两间办公室，小房间有3个办公座位，大房间则是办公和会议兼用。我们每次去调研，都能看到干部们要么在大房间整理材料，要么到自然庄里办事。2018年，村"两委"已经搬到位于新村的、新建的办公楼。为了了解村"两委"工作情况，我们整理了他们的会议记录。2017年，我们查询到15次会议纪要，其中有10次与扶贫工作直接相关，这说明目前永顺村的工作重点就是扶贫工作（见表1-11）。由于当前劳动力外出务工较多，平时召开村民大会与村民代表会议次数较少，即使召开，到会人数也较少。但党小组会议与党员代表会议召开次数相对较多。村监督委员会的主要日常工作是组织村民代表对村民委员会执行工作情况进行监督。

表 1-11   2017 年永顺村"两委"会议主要议题情况

时间	主要议题
2017 年 1 月 20 日	研究计划生育社会抚养费征收问题
2017 年 2 月 12 日	关于"四员一工"
2017 年 2 月 19 日	关于村集体产业扶贫资金使用
2017 年 3 月 6 日	关于村室、卫生室占地补偿及扶贫奖补资金
2017 年 3 月 10 日	关于村蔬菜大棚建设工程资金不足问题
2017 年 4 月 16 日	关于村集体产业蔬菜大棚承建工程
2017 年 4 月 17 日	关于村整治卫生购买垃圾桶会议
2017 年 4 月 18 日	关于村产业基地活动板房搭建活动
2017 年 5 月 31 日	关于 2016 年午秋两季秸秆禁烧村级经费
2017 年 7 月 15 日	关于公安厅捐款 50 万元修永顺村道路
2017 年 8 月 10 日	关于低保民主评议即新增低保户
2017 年 9 月 8 日	关于低保户整户识别民主评议
2017 年 10 月 11 日	研究第七批下派干部首批发展集体经济专项资金 5 万元使用
2017 年 11 月 11 日	关于 2017 年午季秸秆禁烧经费及工资拖欠问题
2017 年 11 月 12 日	关于修老家北面桥面及护栏的问题

资料来源：永顺村"两委"会议记录本。还有一些会议情况记录在其他地方或没有记录，所以本表资料并不完整。

三　能人型后备干部培养

2016 年底以来，为解决村级干部队伍年龄老化、文化层次低、结构不合理等方面的实际问题，永顺村制定了村级后备干部培养工作方案，开展了村级后备干部的培养工作。村里组织了摸底排查，摸排对象以村民组长、返乡大中专毕业生、致富能手为重点。根据村"两委"任职条件，对他们进行综合考察，逐一筛选，登记在册，把各个方面都符合条件的人员确定为村级后备干部来进行培养。

2017 年，永顺村正式列为后备干部的有 2 人，分别是

第一章 —— 一个希求平顺的普通皖北村庄 ——

吕岳和李勇；另有 2 人被列为考察对象。吕岳，1990 年出生，中专学历，2017 年发展为预备党员，是致富带头人，从事泥鳅养殖。李勇，1979 年生，中专学历，之前外出打工，目前为永顺村的扶贫专干。后备干部培养的主要方式是参与相关党建活动，包括学习讨论、"三会一课"等。村里还支持他们发展相关产业，带动农户致富。

　　村里的两位后备干部的积极性、主动性还是比较强的。90 后青年吕岳，毕业后回家养起了泥鳅，不仅自己致了富，还带动了 20 多户群众脱贫。其实，吕岳上学时学习的是机械专业，2009 年毕业后在外地找了一份很不错的工作。2015 年，他在合肥的一些地方看到养殖泥鳅很有市场，便学习了养殖技术，回家乡和父亲吕东海 ① 一起建设了 50 亩水塘，开始养殖泥鳅。2017 年，永顺村党总支将吕岳列为后备干部进行培养，目前已是预备党员。李勇在扶贫专干岗位上干得不错，永顺村的扶贫档案在全县都是最好的，2018 年在村总支换届后李勇成为总支委员。

① 吕东海即村内农机合作社和百川农业公司的负责人。

第二章

建档立卡贫困人口分析

精准扶贫、精准脱贫的前提是找出贫困人口，在扶贫工作上就是精准识别，并以建档立卡的方式确认这些被认可的贫困人口信息，作为精准帮扶对象的信息依据。本章的主要目的是描述精准识别和建档立卡工作在永顺村的开展情况，包括识别、核查、动态调整和动态管理等方面。精准识别除了贫困程度和状况外，还包括对致贫原因的调查和记录。这些工作包括首次建档立卡、建档立卡"回头看"、建档立卡精准核查月活动、建档立卡"再回头"信息核查以及后来的常规性动态管理、动态调整工作。永顺村的情况表明，现行的精准识别和建档立卡在整体机制设计上是有缺陷的，贫困村层面的执行上存在的各种问题，为前述缺陷提供了例证。本章还对经过确认的建档立卡贫困人口的基本特征进行分析，作为分析各类精准帮扶措施实施情况的依据。

第一节　贫困识别与建档立卡

一　安徽省的贫困识别要求

2013 年 12 月 18 日，中共中央办公厅、国务院办公厅印发《关于创新机制扎实推进农村扶贫开发工作的意见》（中办发〔2013〕25 号），要求国家制定统一的扶贫对象识别办法，各省（自治区、直辖市）在已有工作基础上，按照县为单位、规模控制、分级负责、精准识别、动态管理的原则，对每个贫困村、贫困户建档立卡，建设全国扶贫信息网络系统。2014 年 4 月 11 日，国务院扶贫办发布《扶贫开发建档立卡工作方案》（国开办发〔2014〕24 号）。4 月 21 日，安徽省发布《安徽省扶贫开发建档立卡工作实施方案》（皖扶办〔2014〕27 号），要求在 2014 年 8 月底以前（即 4 个月内）全面完成全省扶贫开发建档立卡工作。

按照文件要求，安徽省的贫困户建档立卡以国家农村扶贫标准为识别标准（即 2013 年农民人均纯收入 2736 元，相当于 2010 年 2300 元不变价），在有扶贫开发工作任务的 70 个县（市、区）开展贫困人口识别。贫困村识别原则上按照"一高一低一无"的标准进行，即行政村贫困发生率高于所在县（市、区）贫困发生率，行政村 2013 年全村农民人均纯收入低于所在县（市、区）平均水平，行政村无固定性集体经济收入（或者固定性收入低）。按照国务院扶贫办"根据本省帮扶资源，由省级扶贫开发领导小组研究确定本省贫困村规模，中部 10 省贫困村识别规模原则上控制在行政村总数的 20% 左右"的要求，安徽贫困村识别规模确定为 3000 个。对于贫困村和贫困人口，均采取规模控制、逐级分解的方法，由省将识别规模分解到县级。

二 利辛县贫困识别的做法及规模

利辛县根据安徽省通知要求，成立扶贫开发建档立卡和信息化建设工作领导小组，制定《利辛县扶贫开发建档立卡工作实施方案》，将贫困人口建档立卡规模分解到各乡镇，乡镇再继续将贫困人口识别规模分解到行政村，然后再汇总、上报。

根据省统计局发布的数据，利辛县 2013 年底农村贫困人口统计推断规模为 21.21 万人，从而确定县贫困人口建档立卡目标规模为 21.21 万人。根据整户识别原则，预先估计贫困户数 5.62 万户。根据 2014 年县扶贫办工作总结，利辛县完成识别贫困村 90 个，贫困人口 6.74 万户 21.21 万人。这是最早的利辛县初始建档立卡规模数据。但是后来出现了若干数据，与此前的数据并不一致（见表 2-1）。根据《利辛县 2015 年扶贫开发工作前三季度工作汇报》，2014 年利辛县建档立卡规模为 6.84 万户 20.8 万人。据了解，实际完成申报和录入的数据，相当于规模分解数的 98.07%。在《利辛县扶贫办 2015 年度工作总结》中，利

辛县 2014 年底共识别认定建档立卡贫困户 5.97 万户 17.3
万人。根据对利辛县扶贫办负责建档立卡工作同志的访
谈，这是因为 2015 年初开展了动态管理，标注了约 3.6 万
人"脱贫"。也就是说，5.97 万户 17.3 万人实际上是经过
2014 年脱贫标注后，建档立卡系统内 2015 年利辛县建档
立卡贫困人口规模。

表 2-1　利辛县初始建档立卡数据

单位：万户，万人

项目	贫困户数	贫困人口数	数据出处
数据一	6.74	21.21	2014 年工作总结
数据二	6.84	20.8	2015 年前三季度工作汇报
数据三	5.97	17.3	2015 年工作总结

资料来源：利辛县扶贫办提供。

三　永兴镇及永顺村建档立卡工作程序与规模

在利辛县 2013 年调查统计贫困人口数据的基础上，
综合考虑各类因素，将贫困人口规模分解到乡镇，其中
分配给永兴镇的指标是 6808 人。永兴镇也制定了类似规
则，"以现有数据为基础开展建档立卡"，以农户收入为
基本依据，综合考虑住房、教育、健康等情况，规模控
制，逐级分解，将贫困人口指标大体上按照村人口规模
分解到各行政村，整户识别，还要进行公告和公示等程

序。[①] 任务周期为 2014 年 4 月 26 日到 5 月 30 日，参与人员包括镇、村有关人员和驻村扶贫工作队。

根据永兴镇 2014 年负责建档立卡工作的同志[②] 回忆，2013 年底，利辛县扶贫局已经下发通知，要求各村上报贫困户名单，但是与后来的建档立卡好像没有直接联系。2014 年开展建档立卡时，并没有一个向各村分解规模的清单。规模控制主要考虑各村上报贫困户数量、村人口以及直观判断的贫困程度三个方面因素，再通过各村上报名单多少进行动态协调，最终达到控制指标数。据说，县里要求镇里识别出的贫困人口数量与分解数相差不到 20 人。最终，永兴镇提出了一份与 6808 人规模控制数完全一致的贫困户名单，共有 3004 户，全镇贫困发生率 12.58%。其中，永顺村 329 户 790 人，贫困发生率 15.09%。[③]

对于贫困村识别，利辛县共有 90 个指标，其中永兴镇分配指标为 3 个。据说，永兴镇在最初识别工作中，根据综合判断提出了 3 个村名单，但是后来被调整为另外 3 个村，即永兴村、永顺村和谭铺村（见表 2-2）。[④] 从贫困

---

① 关于印发《永兴镇扶贫开发建档立卡工作实施方案》的通知（永政字〔2014〕26 号），2014 年 4 月 26 日。实际上，这个镇方案基本上是参照上面的，无法也没有实际操作。任务布置下去后，镇、村基本都没当回事，只有当临近上报截止日期时，才临时突击完成，由各村干部整理出名单。为了完成指标，很多明显的非贫困户被列入名单。而为了减少信息录入量，还存在把其他住户人口信息登记在某贫困户名下的做法，其结果是户均人口数的加大。这种情况，只有在后来通过动态调整逐步消化。

② 王坤，2014 年底已经调离。

③ 根据永兴镇政府提供的"永兴镇 2014 年贫困人口"数据表以及"永兴镇贫困户审核确认情况公示"。

④ 资料来源于利辛县扶贫局 2014 年 9 月 23 日发布的《利辛县 2014 年度扶贫开发建档立卡贫困村公示》。

发生率看，3 个贫困村中，永顺村排在第一位，另外两个村都偏低一些。但是，贫困发生率更靠前的徐寨村、程湖村都没有列入。镇领导对此的解释是，当时全镇其他 9 个村都已经享受了整村推进政策，所以建档立卡贫困村名额给了剩下的 3 个村。

表2-2　永兴镇2014年分村建档立卡数据

单位：人，%

村名	人口数	贫困人口数	贫困户数	贫困发生率	是否贫困村
程湖村	2794	403	157	14.42	
双龙村	5045	495	221	9.81	
大门村	4186	489	269	11.68	
徐营村	3989	424	194	10.63	
徐寨村	4328	695	318	16.06	
法堂村	4372	513	211	11.73	
永兴村	4215	542	211	12.86	是
永顺村	5234	790	329	15.09	是
永安村	5382	663	289	12.32	
解集村	4830	676	278	14.00	
谭铺村	4116	511	249	12.41	是
诸王村	5640	607	278	10.76	
全镇	54131	6808	3004	12.58	

资料来源：根据永兴镇提供资料整理。

对于初次识别在永顺村内是如何进行的，目前已无人能说清，总的来说比较仓促和随意。在不同的资料或数据中，关于村内初始建档立卡数据还有多种不同说法（见表2-3）。其中 329 户 790 人数字对应于全镇最初 3004 户 6808 人的原始建档立卡申报数据，所以可以被采信，尽管它并不是准确的。

表 2-3　2014 年永顺村建档立卡贫困人口识别数

项目	贫困户数	贫困人口数	数据出处
数据一	329	790	永兴镇贫困户审核确认情况公示
数据二	243	861	永兴镇提供分村贫困人口统计表
数据三	289	663	第一书记汇报材料

资料来源：根据调研收集材料整理。

四　四个建档立卡信息系统以及移动 App

（一）国办系统

本报告大部分所说的贫困人口，不是一般感性的、基于观察的贫困人口，而是建档立卡贫困人口。也就是对贫困人口进行识别和确认，并录入扶贫开发信息系统，也就是俗称的建档立卡系统之后，才能确认其贫困人口身份。目前对贫困人口进行建档立卡的法定系统是"全国扶贫开发信息系统"，由国务院扶贫办主办，俗称"国办系统"。国办系统有分级信息录入、查看、审核的功能，级别越低，权限越小。镇级有录入和修改权限，村级则只有浏览权限。基层目前都需要直接使用国办系统，永顺村扶贫专干能够熟练使用各种查询功能。

国办系统既然是一个管理贫困人口数据的庞大信息系统，人们自然对它的功用有所期待。例如，对于一个贫困村的贫困人口，我们希望能够较为便利地获得一些统计描述结果。但是这在系统内是做不到的。尽管在权限范围内可以导出贫困人口信息，而这个数据是可以分析的，但是这也不是想象的那么简单，因为需要做出哪个数据是对这个村的贫困人口的合理代表的判断。由于下文将要叙及的频繁的动态管理和动态调整，不同时期导出的数据往往是不同的。

（二）省办和市办系统

在利辛县，扶贫部门使用的管理信息系统，除了"国办系统"外还有两个，分别是由省扶贫办主办的"安徽省脱贫攻坚大数据管理平台"（"省办系统"）和亳州市扶贫办主办的"亳州市脱贫攻坚信息服务平台"（"市办系统"）。省办系统功能比较单纯，分为扶贫对象管理、扶贫项目管理和责任落实监管三个部分。其中的扶贫对象是从国办系统导出数据重新导入的，而且看上去数据的更新比较及时。帮扶单位、帮扶责任人信息都包含在责任落实监管模块，但是这部分信息不够及时、充分。例如，永顺村第一书记已经期满离任半年多，但是信息还留在系统里。现在基层仅在省级督察考核评估时才使用省办系统，与国办系统相比多了"第三方评估"菜单，便于核算收入信息，但评估考核结束后菜单自动关闭。

2017年7月16日进入市办系统，可以看出里面有更加丰富的功能，包括贫困户信息、管理措施、统计分析、综合查询、扶贫地图、扶贫手册打印等。现在看，市办系统的贫困人口信息与国办系统是一致的。据了解，市办系统的建档立卡数据不需重新录入，而是将国办系统数据导入。但是市办系统新增信息就需要先录入文件里，再批量导出。根据镇扶贫干部形容，虽然有三个系统，但是省办系统的主要用途就是用于实施年底省级脱贫第三方核查；市办系统的主要用途是录入扶贫手册信息和打印扶贫手册，其他功能基本用不上，平常也基本不用。省办系统基本上不需要基层花时间录入。但是市办系统不同，有很多新增指标，需要基层采集和录入，花费精力不菲。

（三）县级精准扶贫大数据平台

利辛县通过政府购买服务，利用移动互联网、云计算等技术手段，建设了精准扶贫大数据平台。县精准扶贫数据中心在与国家、市扶贫系统、社会网络化管理等信息平台数据整合共享的基础上，通过大数据分析，将碎片化的数据与精准扶贫的基础数据紧密结合，提升扶贫攻坚的有效性和针对性。这个大数据系统目前看来，主要是供县级脱贫攻坚决策、调度和管理使用，与基层工作没有直接关系。

（四）市级和县级扶贫 App

亳州市市级精准扶贫 App 于 2017 年初推出，主要包括：领导关怀、综合查询、问题征集、跟踪督办、随机抽样、扶贫地图、措施落实、扶贫工作队、措施大全，对于基层干部来说，具有实质作用的仅有综合查询，其他功能平时很少使用，永顺村村干部及所有帮扶责任人均可熟练使用 App。现在由于市级督查，要求每个帮扶责任人登录

App，定位贫困户家庭住址，准确找到贫困户具体位置。这个系统与市办网络系统内的信息是一致的。利辛县精准扶贫 App 也于 2017 年上半年推出，目前基本已不使用，很多基层干部已经将其在手机中删除，以市级 App 为基础开展工作。有的干部连市级 App 也都卸载了。两个扶贫 App 不受欢迎，主要有三方面原因：一是占用手机空间；二是实际用处不大；三是如果在贫困户家访时需要同时登录和处置多个 App，会耽误时间以及让贫困户形成不良感受。

第二节　贫困信息核查与动态调整

一　持续不断的信息核查与动态调整

众所周知的是，首次贫困人口识别的准确程度是比较低的，由此开启了 2015 年以来连续不断的建档立卡信息核查和动态调整的过程，安徽省及利辛县也不例外。据统计，从 2015 年 9 月到 2018 年上半年，在将近三年的时间里，永顺村所在的亳州市已经先后开展了至少 10 次（项）建档立卡信息核查与动态调整工作（见表 2-4），这还不包括一些短期、日常核查工作。其中，由国务院扶贫办统一组织的有 5 次（含 3 次年度动态管理和 2 次专项行动），省扶贫办统一组织 3 次，市级组织 2 次。在时间顺序上，

2015 年 8 月，亳州市率先组织了一次信息核查行动，比国办统一组织的"回头看"早了 2 个月，应该说是有先见之明的。2015 年 10 月，在国务院扶贫办统一部署和省扶贫办统一组织下，利辛县开展"回头看"行动。随后是年度性的扶贫对象动态管理，包括信息补录、脱贫信息标注等。2016 年 4 月，省扶贫办结合"四项清单"编制，组织开展建档立卡精准核查月工作。2017 年，市级、省级和国务院扶贫办先后组织了一次信息核查和动态调整工作，对于基层而言也就是先后开展了三次。2018 年 6 月，省扶贫办再次组织完善建档立卡工作，主要内容还是对建档立卡贫困人口进行动态管理。

表 2-4 利辛县的 10 次建档立卡信息核查与动态调整

序号	工作内容	时间	组织单位	文件/工作内容
1	市级信息核查	2015 年 8 月 1 日	亳州市	贫困人口信息核查
2	国办"回头看"	2015 年 9 月 28 日	国务院扶贫办	研究部署建档立卡"回头看"工作
		2015 年 10 月 6 日	省扶贫办	开展建档立卡"回头看"工作
3	年度动态调整	2016 年 2 月 4 日	国务院扶贫办	2015 年度扶贫对象动态管理
4	省级精准核查月	2016 年 4 月 13 日	省扶贫办	建档立卡精准核查月
5	年度动态调整	2016 年 10 月 10 日	国务院扶贫办	2016 年度扶贫对象动态调整
6	市级"再回头"	2017 年 5 月 14 日	亳州市	建档立卡"再回头"信息核查
7	省级动态管理	2017 年 5 月 31 日	省扶贫办	建档立卡贫困人口动态管理
8	国办动态调整	2017 年 6 月 13 日	国务院扶贫办	开展贫困人口动态调整
		2017 年 8 月 6 日	省扶贫办	进一步做好贫困人口动态管理
9	年度动态管理	2017 年 10 月 24 日	国务院扶贫办	2017 年度扶贫对象动态管理
10	省级动态管理	2018 年 6 月 4 日	省扶贫办	进一步完善建档立卡工作

资料来源：笔者整理。

（一）2015 年建档立卡"回头看"

2015 年底开展的建档立卡"回头看"是全国范围内首轮精准识别信息核查。其主要动因是 2015 年广西马山扶贫造假事件，国务院扶贫办在央视曝光前，在 9 月下旬研究部署建档立卡"回头看"工作。[①] 安徽省扶贫办在 10 月 6 日印发通知，部署贫困户建档立卡"回头看"工作，检查、纠正扶贫对象、脱贫需求、帮扶机制、资金使用、脱贫成效等五个方面的精准性问题。[②]

利辛县相应地于 2015 年 10 月 22 日出台《利辛县贫困人口建档立卡"回头看"工作实施方案》，建立县、乡镇两级核查工作领导小组，组建由乡镇扶贫办、大学生村官组成的村核查小组。核查行动覆盖全县 23 个乡镇所有行政村和贫困人口，核查内容包括识别标准、识别方法、识别程序、信息录报、档案资料等五个方面。其中，识别标准是 2014 年自然年农民人均纯收入 2800 元，并综合考虑住房、教育、健康等情况，与 2014 年建档立卡时标准相当。这表明，此次"回头看"应当使用 2014 年收入数据和"三保障"信息，评估的也是 2014 年的贫困状况。而 2014 年建档立卡是用 2013 年数据评估 2013 年的贫困状况。因此严格地说，"回头看"评估的不是初始建档立卡效果，而

[①]《曝广西马山贫困县扶贫黑幕：三千贫困户八成有车》，http://www.cssn.cn/zx/shwx/shhnew/201510/t20151013_2492238.shtml，2015-10-13;《全国扶贫办主任座谈会暨建档立卡"回头看"培训班在京举行》，http://www.gov.cn/guowuyuan/2015-09/28/content_2939775.htm，2015-09-28。

[②]《安徽省扶贫办关于切实开展建档立卡"回头看"工作的通知》（皖扶办〔2015〕77 号）。

是 2014 年的贫困状况，其中包含了 2014 年的发展变化。从而很自然地，"回头看"发现的不符合条件的贫困户，列为 2015 年脱贫即可。事实上，这也是 2015 年动态管理的重要内容之一。

（二）2016 年建档立卡精准核查月

2016 年 4 月，安徽省扶贫办发出通知指出，省政府通过调度督查和明察暗访发现，经过"回头看"工作后，仍然存在各种识别不精准问题，从而在全省开展扶贫对象建档立卡精准核查月工作。[①]与此同时，利辛县结合核查月工作，组织开展脱贫攻坚"基础月"活动。4 月 14 日，县扶贫办同时发布"基础月"和"核查月"两项活动的通知。精准核查工作要在半个月内完成，即从发布通知的 4 月 13 日到 5 月 1 日前。核查依据是使各县（市、区）的贫困人口规模与省扶贫办反馈给各地 2015 年底贫困人口基数保持一致，也就是要使用 2015 年的调查数据和扶贫标准。核查内容包括扶贫对象识别精准性、建档立卡程序、采集基础信息、帮扶措施制定、"四项清单"制定和信息录入[②]、档案资料保存等方面。全县组织县直单位、乡镇干部和教师 6500 余名，开展了逐村逐户逐人核查。[③]据县扶贫办介绍，这次精准核查月活动是精准识别和建档立卡真正得到重视的标志。

[①] 《关于开展扶贫对象建档立卡精准核查月工作的紧急通知》（皖扶组〔2016〕2 号），2016 年 4 月 13 日。

[②] 是指安徽省统一组织制定的扶贫对象清单、扶贫目标和时限清单、扶贫措施清单和扶贫责任清单。

[③] 根据利辛县扶贫局提供的《关于扶贫对象建档立卡精准核查月工作开展情况的汇报》，2016 年 5 月 26 日。

（三）2017年建档立卡"再回头"

为进一步提升建档立卡数据质量，国务院扶贫办综合司2017年4月印发《关于开展建档立卡数据核准和补录工作的通知》（国开办司函〔2017〕83号）。2017年5月4日，安徽省省扶贫办专门下发了《关于开展建档立卡数据核准和补录工作的通知》（皖扶办〔2017〕65号），要求在5月底前全面完成问题数据的核准和补录。重点要做好数据核准、数据补录工作。其中，数据核准主要包括贫困户信息和贫困村信息两个部分；数据补录工作主要包括资金项目管理信息录入、自然村信息录入。

2017年5月14日，利辛县召开建档立卡"再回头"信息核查部署会，部署全县建档立卡数据核准和补录以及建档立卡"再回头"信息核查两项工作。自2017年5月14日起，在前期城北镇徐田村和程家集镇孔郢村两个村试点的基础上，在全县范围内全面开展建档立卡"再回头"信息核查工作。这次核查的主要任务是"全面彻底"摸清核准贫困户相关信息，重点一是对国办系统的信息进行核准和补录；二是对新版《扶贫手册》的填写情况进行梳理完善，补差补缺（包括对收入的核算、致贫原因的核实等）；三是完善市办系统。"再回头"工作后期与省级动态管理时间重叠，从而也自然地与后者结合起来推进。

（四）2017年动态管理

2017年年中的建档立卡动态管理主要在6月和7月

开展，分为两个阶段。第一阶段是省级自主开展的动态管理，开始于 5 月 31 日，内容主要包括：找出识别不准的贫困人口（如人口自然变动、弄虚作假的贫困人口）、新识别的贫困人口、返贫人口，切实做到有进有退、动态管理。[①] 这份文件首次明确要求，动态调整要坚持应纳尽纳原则，不漏一户，不落一人，对符合扶贫标准的农户全部纳入扶贫对象并及时予以帮扶。此项工作要求 7 月 12 日完成，累计 42 天。

紧接着，6 月 13 日，国务院扶贫办根据中央巡视组"机动式"巡视反馈意见，发布关于开展贫困人口动态调整的密电通知，明确要求在调整中重点关注非贫困县、非贫困村符合条件的贫困人口，以及低保人口、外出务工人口、新入户籍和无户籍人口、"回头看"错误清退的贫困人口，防止遗漏，做到"应纳尽纳""应扶尽扶"。此次动态调整的最重要依据是信息比对以及为无户籍人员办理户籍。安徽省扶贫办于 8 月 6 日进一步发布通知，要求贯彻落实国务院扶贫办动态调整要求。在这份通知中，安徽省首次提出进行"不再享受政策脱贫"标注，对于留在全国扶贫开发信息系统中，已实现稳定脱贫或识别时家庭经济条件较好的脱贫户，可标注为"不再享受扶贫政策"。[②]

---

① 《安徽省扶贫办关于切实做好建档立卡贫困人口动态管理工作的通知》（皖扶办〔2017〕79 号）。

② 据了解，此次动态调整的主要动因是通过巡视和审计，基于信息比对，发现了不少明确不符合扶贫标准的建档立卡贫困户，从而非清退不可。但是也发生了清退人数过多，被要求把已清退的原脱贫户重新录入系统，再"还原"其脱贫户身份的情形。另据了解，包括安徽省在内的若干个省有这种"不再享受政策"的现象。

根据县扶贫局汇报材料，此次动态调整，全县整户新识别人口3599户8516人；补录人口2484户3842人；返贫人口240户587人；脱贫户中识别不准的贫困户3555户8493人；拟标注"已脱贫不享受政策"10101户34858人；净增贫困人口3365人。[1] 从永兴镇情况看，基本上2014年和2015年标注脱贫的建档立卡贫困人口都被标注为不再享受政策；2016年脱贫人口中，只有3个村的39户84人被标注为不再享受政策。永顺村2014年和2015年标注脱贫的93户320人均不再享受政策，2016年脱贫人口不存在不再享受政策情况。

（五）2018年省级动态调整和亳州市"两册一审"

2018年6月4日，为应对扶贫对象漏评、错评、错退、基础数据错误等问题，安徽省扶贫办下发进一步完善建档立卡工作的通知，要求在识别时重点关注特殊群体，基本以常住人口口径开展贫困户识别，对优亲厚友、不符合识别标准的建档立卡户予以清退。此项工作要求6月26日完成。为此，亳州市统一组织实施"两册一审"行动，即在自然村层面，以村民花名册和贫困户手册为依据，开展贫困户信息核查，力争实现少错评、无漏评。根据镇扶贫办反馈，此次审核在全镇清退26户106人，永顺村清退3户12人。[2]

---

[1] 根据利辛县扶贫局《关于扶贫对象动态调整工作汇报》，2017年7月12日。
[2] 由省扶贫办统一在国办系统内清退，本次清退权限没有下放到下面部门。

（六）年度动态管理

从 2016 年起，国务院扶贫办连续开展年度性建档立卡贫困人口动态管理，主要任务是对脱贫人口、自然增减贫困人口、新识别贫困人口等及时进行系统标记和录入，同时也对各项动态调整结果进行录入和确认。

1.2015 年动态管理

2016 年 2 月 5 日，国务院扶贫办发出通知，开展 2015 年扶贫对象动态管理和信息采集工作，其所使用的贫困户信息是基于 2015 年自然年度。主要内容是结合建档立卡"回头看"成果和 2015 年脱贫成果，对扶贫对象进行动态调整。对于 2015 年扶贫对象的脱贫，似乎并没有进行严格的、有程序的评估，而是利用采集的 2015 年信息做出判断。

2.2016 年动态管理

2016 年的动态管理在当年 10 月开始启动，将农户家庭收入（包括务工收入）计算周期调整为 2015 年 10 月 1 日至 2016 年 9 月 30 日，主要内容包括贫困人口、贫困村和贫困县退出管理，以及返贫人口和新增贫困人口纳入管理。2016 年，国务院扶贫办没有组织专项动态调整工作，所以年度动态管理不包括相关内容。

3.2017 年动态管理

2017 年的动态管理也是在当年 10 月开始启动，农户家庭收入计算周期同样为上年 10 月至本年 9 月，主要内容仍是贫困人口、贫困村和贫困县退出管理，以及返贫人口和新增贫困人口纳入管理。2017 年动态管理有 2 项新内容，一是明确新增贫困人口和返贫人口要"应纳尽纳"，二是要将通过9月交叉检查发现的问题经核实后进行动态调整，并在系统内标注。

二 拨开建档立卡数据迷雾

笔者花了很长时间去试图了解永顺村到底有多少，以及谁是建档立卡贫困人口。之所以存在这个问题，是因为几乎每隔一段时间，由于动态调整原因，从建档立卡系统中导出的数据都有可能不同。最近的一次数据导出是在2018年7月14日。镇扶贫干部说，两天前，刚刚通过省扶贫办的审核，在全镇范围内删除了100多个不符合条件的贫困人口，其中永顺村清除了3户12人。

对于研究者来说，存在数据迷雾，还有另外三个客观原因：一是在我们于2016年11月首次来调研之前，镇、村并不注重导出和保存时间节点数据（之后也是）；二是我们自己在很长时间里并没有意识到数据会有这么频繁的变化，也未刻意索要、保存数据；三是在2017年做抽样调查时，系统里并不能一次性导出一个完整的包含所有脱贫、未脱贫的建档立卡贫困人口数据。当时可以导出每个年度的脱贫数据，也可以导出包含2016年脱贫和未脱贫的数据，而将这两类数据加总时出现了百思不得其解的偏差。①

①　一次性导出2014年脱贫、2015年脱贫和2016年脱贫数据，再分别导出每年脱贫数据并相加，两个数字相差40人，按说应当相同。

精准扶贫精准脱贫百村调研·永顺村卷

如果为了简单起见，选用某个年初或年末的时间节点数据，也就罢了。但是在了解到建档立卡数据有如此频繁以及多种原因的变化后，如果能够了解数据变化机制以及系统内通过不同指标选择出的数据差异，那么最终选择数据可能更具合理性。

（一）脱贫属性标注

在 2017 年以前，脱贫属性只分为"已脱贫"和"未脱贫"两类。某个贫困户一旦在某年被确定为未脱贫，那么他就属于"××年脱贫"人口，这一般不会再变，除非发生下面将要列举的各种情况。2018 年初，"已脱贫"属性扩展为两类，即"已脱贫（不再享受政策）"和"已脱贫（享受政策）"；与此同时，"返贫"也被单列出来，以前属于"未脱贫"。

（二）数据变动机制

这里所说的变动，是指同一个指标的数值，在不同的时间下载数据，可能会是不同的。例如，2014 年脱贫人口，按理说应该是固定的，就是那些固定的人在当时通过某种程序实现脱贫认定和标注了。为什么会发生变化呢？这主要是由于存在自然变更和动态调整两大类因素（见表2-5）。这些自然变动和人为动态调整，涉及的都是系统内的底层数据或实际指标。

表 2-5　建档立卡数据变动机制

指标	增加	减少
某年度脱贫人口	年度脱贫退出（不改变往年脱贫人口数）	1. 自然减少：死亡、出嫁、分户、判刑等 2. 不达标回退 3. 返贫 4. 清退（整户或户内部分，系统删除）
未脱贫人口	1. 整户新识别（增户增人） 2. 户内遗漏人口补录（增人不增户） 3. 自然增加：出生、迁入 4. 已脱贫人口返贫	年度脱贫退出
总建档立卡人口	新识别贫困人口和补录贫困人口数大于自然减少数和清退数	自然减少数和清退数大于新识别贫困人口和补录贫困人口数

（三）数据变动对两类查询数据的影响

建档立卡数据分为多个年度，具有累进性质，每个年度形成一套独立数据；后面各年度数据都是复制了前一年度数据，然后再开展各种调整，形成一套新的独立数据。形象地说，即使 2014 年那套数据丢失了，2015 年数据也还存在，相当于一种备份。

但是，由于 2015 年数据已经发生了各种变更、调整，所以，2015 年数据是到当年底的最新数据，其中所包含的 2014 年脱贫信息已经经历了各种变更。而 2014 年数据库按道理说已经封存，不再变动，只有一种例外，就是清理删除。就是说，2015 年数据库中的 2014 年脱贫数据是不同的，差别在于各种除了清退之外的自然变更和动态调整。举例来说：

2014年底基础库：包含2013年和2014年全部建档立卡人口，其中包含2014年脱贫人口。2018年的查询与2016年查询相比，如果有变化，只在于删除或系统销户。

2015年底数据库：包括2015年底时全部建档立卡人口，其中包括2014年脱贫人口和2015年脱贫人口。2015年可能对所有建档立卡数据进行了动态管理，包括对2014年脱贫家庭人口的增减变更、不达标回退、返贫登记等。所以，正常情况下，2015年底基础库里显示的2014年脱贫人口会比2014年基础库里的数字要小。往后以此类推。

因此，为了了解某贫困村（镇）建档立卡贫困人口概貌，可以有两种口径：

一是当前最新贫困人口状况，包括总数以及历年脱贫分布，其中历年脱贫人口经过数年变动，与当初已有很大变化；

二是过去某个时间节点上的贫困人口状况，这就需要以这个时间点为基准，找到之前历次实际已经发生贫困人口退出的数据，再和这个时间点仍未脱贫的贫困人口数相加，得出这个时点人们可以想象的贫困人口概貌，它可以避免遗漏那些曾经被纳入贫困、经历过脱贫，然后又由于变更而使信息失真的贫困户。

三 永顺村的建档立卡贫困人口

（一）永顺村建档立卡贫困人口变动过程

2018年7月，课题组主要成员再次对永兴镇扶贫办干部和永顺村主要村干部进行访谈，试图找到当年（历年）建档立卡贫困人口脱贫的原始资料以及数据变化的实际情形。按理说，每年底，在开展贫困人口脱贫退出工作之际，按照程序，贫困村总得先拿出一份计划脱贫名单，然后经过核实、评议后确定生效。建档立卡系统里发生的各种变更，应该是在这些实际的名单基础上进行的。但是，遗憾的是，镇里和村里都无法提供这些原始资料。对他们来说，过去的资料，有的没有记录，有的即使有记录，要么觉得没用了，要么担心与后来的信息有矛盾，于是在搬家、换电脑、换人的过程中，就丢失了。至少从永兴镇和永顺村来看，2014年以来，扶贫部门的工作人员、办公场所以及办公设备都是变化最快的。尤其是镇政府，现在书记和镇长都还在没有空调的危楼里办公，却在外面的新楼里给扶贫办租用了全新的办公室，配备了全套新的电脑和家具。永顺村的村部已经搬到新盖的办公楼，办公设备也都是新的。镇和村的扶贫干部都是在2017年进行了更换，对2016年之前的情况都不了解，只有老村干部还有一些模糊的记忆。

综合多个渠道了解到的信息，永顺村建档立卡贫困人口变动过程大体如下。

2015 年初，进行了一次贫困户脱贫的系统标记。2014年，建档立卡之初，系统数据是按以前年份上报的，没有按照精准识别的贫困户数据生成，有的贫困情况发生了很大变化，但没有及时调整，所以 2015 年进行贫困数据清理时，村里根据实际情况勾选出条件相对好的农户，在系统里进行标注。由于这个时候还没有精准扶贫措施，贫困户可能都还不知道建档立卡这回事，就直接在系统里"标注"脱贫了。

2015 年 10 月开展的贫困数据建档立卡"回头看"，目前从下到上都没什么印象了，县扶贫办也都找不出当时的工作记录或总结。不过，这次所做的工作主要是信息补充和错误更正，没有实质性变更工作。2016 年开展的"精准核查月"活动，主要工作也是资料核实和补充，村里和镇里也没保留什么记录。

2016 年，永兴镇计划 3 个重点贫困村全部出列。为此，永兴镇将大部分扶贫工作精力放在了重点贫困村的贫困户脱贫上，非贫困村投入和脱贫数量都相对比较少。在此背景下，永顺村 2016 年脱贫数量达到 223 户409 人，占当时未脱贫的建档立卡贫困人口的 78.25%，贫困发生率下降到 1.99%。但是，可能国务院扶贫办认为安徽省等部分省份脱贫规模太大，要求他们"回退"一部分已脱贫人口，这导致永顺村也"回退"了一部分脱贫人口。结果，2017 年 10 月的建档立卡数据里，脱贫人口变成 179 户 340 人，减少了 44 户 69 人；而未脱贫人口相应增加，其中大部分在 2017 年底才实现脱贫。

2017 年 4 月到 10 月，自上而下又开展了一系列建档立卡信息核查行动。以前的核查都只有原则性条件，而这次明确增加了信息比对环节。如果家庭拥有小汽车、亲属是干部、有商品房、有经营实体等硬性条件筛查出来的不合格贫困人口，必须被清退。资料显示，2017 年 8 月，永顺村共核查出"识别不准"贫困户 10 户 17 人，属于被清退对象，直接从系统中删除，不再留下痕迹。与此同时，也还有补录和新识别贫困人口，结果是净增建档立卡贫困人口 33 人（见表 2-6）。

表 2-6　永顺村 2017 年 8 月建档立卡贫困人口动态调整统计

单位：户，人

项目	内容	户数	人数
整户新识别		12	23
建档立卡户补录	2016 年脱贫户内补录	8	10
	未脱贫户内补录	11	17
脱贫户返贫	返贫人口	4	14
脱贫户识别不准	2014 年脱贫户中识别不准	1	1
	2015 年脱贫户中识别不准	1	1
	2016 年脱贫户中识别不准	6	10
未脱贫户识别不准	未脱贫户识别不准	2	5
净增建档立卡人口			33

注：净增人口 = 整户新识别人口 + 补录人口 - 识别不准人口。返贫人口本来就在系统内，所以不会带来建档立卡人口的增加。

资料来源：永兴镇《建档立卡贫困人口动态调整情况统计表》，2017 年 8 月。经镇扶贫办确认，这份数据不是最终数，最终清退数为 7 户 12 人。

以上仅为一次变动情况。2017 年 12 月底，课题组成员到村做补充调查时，村扶贫专干利用当时建档立卡数据，提供了一份 2014~2017 年全村建档立卡贫困人口变动表（见表 2-7）。表 2-7 显示，每年期初建档立卡人口，加上新增人数,减去脱贫数,等于期末(年底)未脱贫建档立卡人口数。但是,与系统内最新数据相比,基期的建档立卡数以及脱贫数又是不同的,原因很可能在于2017年8月的这次审核清退。

表2-7 2014~2017年永顺村贫困人口变动与调整

单位:户,人

年份	类别	户数	人口
2014	建档立卡	348	784
	新增	—	—
	脱贫	41	155
	年底贫困人口	307	629
2015	新增	2	10
	脱贫	40	123
	年底贫困人口	269	516
2016	新增	5	9
	脱贫	179	340
	年底贫困人口	95	185
2017	新增	12	23
	脱贫	78	143
	年底贫困人口	29	60

注:此处2017年底29户60人的贫困人口数据由扶贫专干提供,如后所说,与当时所推测的29户59人数据不同,原因不详。另外,2018年1月以后查询的建档立卡数据显示该村未脱贫人口为30户62人,原因同样不详。故本报告在其他各处均以建档立卡系统为准,使用30户62人的数据。

资料来源:根据村扶贫专干2017年12月下旬提供的数据整理。

(二)永顺村建档立卡数据比较

如果尝试探究每一项数字变动的真实原因及其合理性,那将付出相当大的精力,很可能无功而返。如表2-7所示,永顺村在2017年新增贫困人口和回退部分脱贫不合格人口后，应有贫困人口107户208人。2017年，有3人死亡，1人出嫁，2人户口迁出，即自然减少6人。2017年脱贫78户143人，脱贫后应剩余59人，但系统实有60人，误差1人。扶贫专干也无法核对出误差一人是什么原因。此外，2017年有2户8人返贫，已通过村民代表会议，但是还没有录入系统。[①]

经过一次又一次的尝试，这些每次都可能不同的数据几乎令笔者绝望，想要放弃找出真相的愿望。也许建档立卡数据就像一个自我生长的"怪兽"，无法看清其生长机制。在村委会，我们问扶贫专干，你看现在的数据与当初差别那么大，那么现在的贫困户与当初的贫困户的差别，或者说重合程度，到底有多大？他的回答却是，差别不大，重合程度很高。

为了对自己有个交代，笔者再次对相关数据进行比对。这次比对的对象是2017年2月调研抽样框户主名单和2018年7月查询的建档立卡系统2014年底基础信息库户主名单。抽样框名单是由2014年脱贫、2015年脱贫、2016年脱贫和2017年未脱贫的所有贫困户组成的。基础名单是2014年曾在系统注册的贫困户名单，2018年查询结果与当年相比，应该减少了清退、销户的人口，不会增加人口。抽样框名单由于是在2017年查询得到的，因此应该比基础名单多出2015年以后新识别的贫困户。但是，实际对比结果的差异比这要复杂得多，还存在变更户主、人员重复、原因不详等情况（见表2-8）。

① 资料来源于与村扶贫专干李勇的座谈。

表 2-8　永顺村建档立卡数据 2014 年基础库名单与 2017 年抽样名单比对结果

单位：户

匹配情形	2014 年基础库	2017 年抽样框	说明
总户数	359	376	
完全匹配	343	343	
变更后匹配	11	11	两个库户主姓名不同，但是实际属于同一户。分两种情况：原户主死亡，变更其他人为户主；基础库登记的不是真正户主，后来进行了更正
新增贫困户	—	8	包括新识别贫困户 6 户和贫困户中新分户 2 户
原贫困户清退	—	10	2017 年和 2018 年分别清退 7 户和 3 户，导致基础库中不复存在
重复	—	1	与抽样名单中其他户主属于同一户
未脱贫即死亡	3	—	既不在前 3 年脱贫名单，也由于死亡而不在未脱贫名单
原因不明	2	3	有 3 户在抽样框内但是不在系统内；另有 2 户在系统里但是不在抽样框内，均原因不明

资料来源：根据建档立卡数据整理。

其中，以 2014 年基础库 359 户建档立卡户为基准，[①]直接匹配上和户主变更后匹配上的有 354 户；还有 3 户由于未脱贫而死亡，从而未进入抽样框，也算是准确的；只有 2 户不知什么原因，虽然一直在建档立卡系统内，但是不在抽样名单里。所以，抽样名单与 2014 年基础库名单的偏差只有 2 户，这倒是验证了扶贫专干的说法。但是，如果以抽样框名单为基准，则其与基础库名单已经有了相当大的偏差，其中，有 11 户没有实质性变化，只

第二章　建档立卡贫困人口分析

———

① 系统内有 360 户，其中 1 户经查发现为错别字同名重复，故予以剔除。

是发生了户主变更，系统内的名单不能直接对应上；有 10 户在 2017 年以后被清退，在基础库名单中不复存在，所以不影响抽样框名单，但是应当看作"过去的贫困户"；有 6 户新识别户；有 1 户名单重复。此外，抽样名单中还有 3 户不在系统基础库内，原因不详。所以，2017 年初的抽样框与 2014 年基础库相比，虽然看似差别大，但重合度是很高的。实质性偏差为 6 户，包括 1 户重复和 5 户不明原因无法对上。其中，对抽样形成影响的仅为不明原因无法对上的 5 户之中的 3 户，包括 2 户在基础库内但是不在抽样名单内，属于遗漏；1 户为仅在抽样名单中出现且被证明是非贫困户，属于错误纳入。

接下来再对 2014 年基础库名单与 2018 年系统查询库名单进行比对，两者的差别包含了 4 年以来的所有变动（见表 2-9）。以 2014 年基础库 359 户为基准，到 2018 年，建档立卡贫困户数量减少到 334 户，其中有 304 户仍为 2014 年初始建档立卡户。2014 年初始建档立卡贫困户中，已经有 55 户不在当前的贫困户名单中，其中 34 户已经销户，即整户不再存在；21 户未见销户，其户主不在销户名单中。这 21 户又分两种情况：一种情况是户还在，只是变更了户主，共有 12 户；另一种情况是没有以原户主名义销户，而是先变更了户主，又以新户主名义进行了销户，共有 9 户。也就是说，55 户当中，实际有 43 户销户和 12 户户主变更。2018 年查询库名单中，有 30 户属于"新户"，其中 16 户为真正的新识别户；14 户只是变更了户主，原户并没有变。

表 2-9　永顺村建档立卡数据 2014 年基础库名单与 2018 年查询库名单比对结果

单位：户

区配情形	2014 年基础库		2018 年查询库	
总户数	359		334	
完全匹配	304		304	
仅基础库	55	34：已销户 21：未见销户 9：变更户主后又被销户或清理 12：变更户主		
仅查询库			30	14：变更户主 16：新识别户

资料来源：根据建档立卡数据整理。

此外，根据建档立卡系统数据，永顺村 2014 年至 2018 年共注销 48 户贫困户。上文提到，有 34 户是直接以原系统中的户主名义销户的，有 9 户是原户主变更为新的户主后又以新户主名义被注销的。那么剩下的 5 户应当是在 2015 年以后新识别，然后又被销户的。

总的来说，2018 年与 2014 年相比，当初的建档立卡贫困户有 10 户被清退（系统删除），有 43 户被销户（绝大部分因为死亡），同时新识别了 16 个贫困户，一部分户变更了户主，还有一部分户在后来被识别为贫困户又被销户。就当前的名单而言，有 318 户还是最初的建档立卡户，16 户为新增贫困户。

（三）永顺村建档立卡贫困人口规模

在无法做出准确评价的情况下，我们列出从不同时期、以不同方式导出的永顺村建档立卡贫困人口数据（见表 2-10）。

表 2-10　永顺村建档立卡贫困人口变动情况

单位：户，人

查询数据类型		建档立卡	未脱贫	2014 年脱贫	2015 年脱贫	2016 年脱贫	2017 年脱贫	备注
实际发生数	户数	329	30	56	40	223	77	建档立卡数为 2014 年，脱贫数为各年度实际公布，未脱贫数为 2018 年
	人数	790	62	167	152	409	141	
2017 年 1 月 4 日贫困人口信息查询	户数	283	60				223	脱贫数未区分脱贫年度，未包括前两年脱贫人口
	人数	515	106				409	
2017 年 10 月 9 日贫困人口信息查询	户数	367	107				260	脱贫数未区分脱贫年度
	人数	827	209				618	
2018 年 1 月 22 日贫困人口信息查询	户数	337	30			11	296	脱贫数未区分脱贫年度；前后两列脱贫人口分别指不享受政策和享受政策
	人数	668	62			26	580	
2018 年 7 月 17 日贫困人口信息查询	户数	334	30			9	295	脱贫数未区分脱贫年度；前后两列脱贫人口分别指不享受政策和享受政策
	人数	657	62			21	574	
2018 年 7 月 17 日贫困人口信息查询	户数	334	25	28	174	77	30	
	人数	657	63	63	327	141	62	
2018 年 7 月 19 日基础信息维护查询	户数	360	309	51				2014 年底
	人数	815	624	191				

查询数据 类型		建档 立卡	未 脱贫	2014年 脱贫	2015年 脱贫	2016年 脱贫	2017年 脱贫	备注
2018年7月 19日基础信 息维护查询	户数	350	272	38	40			2015年底
	人数	779	514	142	123			
2018年7月 19日基础信 息维护查询	户数	364	107	38	40	179		2016年底
	人数	814	209	142	123	340		
2018年7月 19日基础信 息维护查询	户数	334	30	25	28	174	77	2017年底
	人数	657	62	63	63	328	141	
2017年1月 4日基础信 息维护查询	户数			54	39	223		对应年度
	人数			204	116	409		

资料来源：根据建档立卡系统导出数据整理，具体含义可见查询数据类型标注以及备注。

对于永顺村的建档立卡人口规模，大体上可以做出如下三点判断。

首先，对于2014年初次建档立卡规模，我们仍然不能确定。这个数据有两个来源：一是线下的文件、档案中记录的数据，有329户、348户等多种说法；二是建档立卡系统内扶贫对象"基础信息维护"频道，包含每年年底数据，相当于历史档案。其中2014年底为359户814人（查询数为360户815人，其中有1户1人重复[1]），这是目前法定的、排除了已清退人口的初始建档立卡规模。为什么系统数据会比各类记载的户数多，没有找到切实的理由，因为清理也只会导致户数的减少而不是增加。

其次，建档立卡系统2018年7月最新查询到的334户657人是当前永顺村在册的建档立卡贫困人口规模。我们可

---

[1] 李治平与李志平为同一人。

以利用建档立卡系统内的"查询"频道中的"基础信息查询"频道，查询贫困户信息和贫困人口信息，其结果与基础信息维护库中 2017 年数据一致，所以是当前（2018 年）永顺村的建档立卡贫困人口，包括已脱贫人口和未脱贫人口。从前面的分析可知，当前的建档立卡人口是在经历了频繁的自然变动、错误更正、分户和销户、清退之后的结果。[①]

最后，课题组在调研时构建的抽样框可以代表 2016 年底村内建档立卡贫困人口。2017 年初课题组在问卷调查时，构建了由已脱贫户与未脱贫户名单构成的抽样框，在概念上是完整的，合计 376 户 835 人。当时由于疏忽，未能查询到 2016 年底永顺村 364 户 814 人的建档立卡数据。现在看来，这两份名单在数量上是相当接近的，系统名单比抽样名单少的部分基本就是那些在当时已经被注销的户，这些户虽然在抽样框内，但是抽中了也会进行样本替换，所以不会影响调查结果。需要指出，从 2016 年底到 2017 年底，永顺村建档立卡信息的变化很大，包括较多的销户、较多的脱贫户回退、新识别贫困户、部分清退等。这些变化合起来，呈现为以下两方面变化：一是本应接近的经过动态调整的 2016 年底基础数据库与样本框相比，不仅各年度的脱贫数据都变化了，而且 2016 年脱贫数据变化还由于回退而显得特别大；二是由于直接销户以及变更户主后销户，2018 年的贫

---

① 其中，2017 年 1 月查询的 283 户 515 人建档立卡人口数量明显偏低，原因在于它没有包括 2014 年和 2015 年的已脱贫人口，如果加上就与抽样框一致。当时这样做的依据是认为前两年的脱贫人口都不是真正的贫困人口，所以干脆排除在政策关注之外。但是 2017 年的动态管理又要求将所有的建档立卡户纳入管理范围，所以不仅建档立卡规模"恢复"了，而且还产生了"脱贫不享受政策"这一特殊类型。

困户数量比 2017 年减少了 30 户，人数也相应减少。我们将对认识永顺村建档立卡贫困户规模有重要价值的三项建档立卡人口数据汇总为表 2-11。

表 2-11　永顺村三项建档立卡贫困人口数据

单位：户，人

数据类型		2014 年脱贫	2015 年脱贫	2016 年脱贫	2017 年脱贫	未脱贫	总数
2017 年 1 月样本框	户数	54	38	223	–	60	375
	人数	204	115	409	–	106	834
2016 年底	户数	38	40	179	–	107	364
	人数	142	123	340	–	209	814
2017 年底	户数	25	28	174	77	30	334
	人数	63	63	328	141	62	657

资料来源：根据表 2-10 重新整理。

（四）永顺村建档立卡数据准确性评价

对建档立卡数据准确性的真正评价标准应当是它与村内符合扶贫标准的贫困家庭实际状况的吻合程度。评价的困难在于需要对建档立卡户的实际信息以及潜在的"漏评"贫困家庭信息都有充分的了解，而后者信息往往是不可知的。第一章第一节对于抽样调查的建档立卡户与一般农户的家庭状况的比较分析可能提供部分信息，在此不表。我们可以将村内建档立卡数据变动情况划分为以下几种类型。

1. 复杂的但是合理的自然变动

原登记户主死亡，家庭内还有别的人口，所以进行了户主变更，户未变。共 4 例，看上去少了 4 户，同时又多了 4 户。

脱贫后又销户，让人看到脱贫信息和基础信息，但是在系统里找不到最新信息，共有 10 例。

变更户主后又销户，原户主信息"凭空消失"，上述 4 例户主变更中有 2 例。

户主姓名或身份证号错误。

家庭内的非户主成员，死亡、出嫁、迁出等，只影响贫困人口数，不影响户数以及户名称。

2. 信息错误

家庭内户主信息登记错误，将非户主登记为户主，后又进行了家庭内变更；同一住户登记了 2 个户主，即重复登记。前者和后者分别有 7 例和 4 例。

3. 识别不准

被认定为"识别不准"而被清退。2017 年共清退 9 户 17 人，[①] 另外还在 3 户内清退 11 人。2018 年又清退 3 户。

在系统内被标注"已脱贫不再享受政策"。永顺村提供的资料显示曾经提出一份 93 户 319 人的脱贫不享受政策名单。但是后来一部分销户，大部分又改为脱贫享受政策，目前系统内尚存 9 户 20 人标注为"已脱贫不再享受政策"。

4. 情况不明

户主信息在不同时期的不同数据库里无法对应上，原因未明。共有 5 例。

---

① 9 户 17 人是村干部提供的名单，根据笔者的对比，其中 7 户与表 2-8 中的清退户数一致，另 2 户为由原贫困户中分出后成为新的贫困户。

第三节　建档立卡贫困人口特征

一　抽样框建档立卡人口的主要特征

原抽样框共有 376 户 835 人。经核实，其中 1 户为重复，即徐国连出现了 2 次，在 2015 年和 2016 年均被登记为脱贫，故将其 2015 年信息条目删除，即去掉 1 户 1 人，剩余 375 户 834 人。

375 个建档立卡户户均人口数为 2.2 人。其中，1 人户和 2 人户是家庭人口数的主体，其次是 3 人户和 4 人户，5 人以上的户数很少。从贫困户属性看，绝大部分为一般贫困户，低保户和五保户分别为将近 50 户。从家庭主要致贫原因看，因病致贫比例最高，正好占所有户的 50%；另外 50% 贫困户中，因灾、发展动力不足以及缺劳动力各占一部分，其他原因比例较少。从人均收入看，不同类型建档立卡户之间呈现完美的"阶梯"，由于从 2014 年脱贫户到 2016 年脱贫户的收入都是当年脱贫时收入，所以它们依次递增；2016 年底的未脱贫户的收入水平则仍然非常低（见表 2-12）。

建档立卡人口平均年龄为 54.2 岁，其中 60 岁及以上老人占 47.7%，而 16 岁以下未成年人只占 6.7%。建档立卡贫困人口文化程度普遍偏低，16 岁以上人口中小学及以下（含文盲或半文盲）占 63.40%，高中及以上只占 10.6%。系统内有在校生 70 人，其中义务教育阶段 49 人。建档立卡人口健康状况比建档立卡户主要致贫原因比例更低，身体健康的不足 1/3，只有 32.8%；患有大病的比例最高，达到37.7%；患病或残疾比例超过 2/3。交叉分析显示，建档立卡人口中的老年因素、不健康状况以及低文化程度三者之间是高度相关的，老年贫困人口中，小学及以下文化程度的占 96.19%，身体不健康的占 96.98%。甚至成年人当中，不健康人口比例也占 45.99%（见表 2-13）。与此同时，可能由于疾病或残疾，不仅老年人几乎无劳动能力，而且劳动年龄人口中，有 39.2% 无劳动能力或丧失劳动能力（见表 2-14）。

表 2-12　永顺村 2017 年建档立卡户及人口抽样框统计特征

指标	选项	数值	指标	选项	数值	指标	选项	数值
家庭人口规模（%）	1 人户	37.6	人口健康情况（%）	健康	32.8	贫困户属性（%）	一般贫困户	74.7
	2 人户	35.5		长期慢性病	20.3		低保户	13.1
	3 人户	9.1		患有大病	37.7		五保户	12.3
	4 人及多人户	17.9		残疾	9.1	受教育程度（%）	小学及以下	63.4
家庭主要致贫原因（%）	因病	50.1	人均纯收入（元）	2014 年脱贫	3553		初中	26.0
	因灾	14.7		2015 年脱贫	4573		高中及以上	10.6
	发展动力不足	9.9		2016 年脱贫	4748	人口年龄构成（%）	16 岁以下	6.7
	缺劳动力	9.1		未脱贫户	2237		16~60 岁	45.6
	其他原因	16.3					60 岁及以上	47.7

注：户基数和人口基数分别为 375 户和 834 人。其中，受教育程度的人口范围为16 岁以上人口。

资料来源：抽样调查数据。

表 2-13　永顺村分年龄组的建档立卡人口抽样框教育与健康状况

单位：人

年龄组	教育程度	人数	健康状况	人数
16 岁以下	小学及以下	50	健康	54
	初中	6	慢性病或残疾	0
	高中及以上	0	大病	1
16~60 岁	小学及以下	110	健康	207
	初中	186	慢性病或残疾	97
	高中及以上	80	大病	76
60 岁及以上	小学及以下	379	健康	12
	初中	14	慢性病或残疾	148
	高中及以上	1	大病	237

注：人数加数不等于 834 人的原因在于存在缺失值。
资料来源：抽样调查数据。

表 2-14　分年龄组的建档立卡人口劳动力状况

单位：人

年龄组	普通劳动力	技能劳动力	丧失劳动力	无劳动力	小计
16~60 岁	230	1	117	32	380
60 岁及以上	7	0	30	360	397
小计	237	1	147	392	777

资料来源：抽样调查数据。

二　当前建档立卡人口的主要特征

永顺村 2017 年建档立卡人口为 334 户 657 人，平均每户 1.96 人，贫困户家庭规模比前几年有所下降，尤其是 1 人户和 2 人户比例继续提高，3 人户比例基本未变，更大规模户比例减少。贫困户属性与前两年相比，低保户比例有比较明显下降，一般贫困户比例相应增加，五保户比例变化不明显。当前贫困户主要致贫原因与之前相比有很明显的变化，因病、因灾以及发展动力不足致贫的比例大幅度下降，相应地，缺技术、缺劳动力和因残致贫的比例大幅度增加。

为了更好地看清建档立卡人、户信息变化，我们对 2017 年初和 2018 年中建档立卡信息进行比对，找出其中能够吻合的 446 人，在两个时点分别属于 239 户和 243 户。比较发现，系统内人口的健康状况和劳动能力状况在一年后发生了较大变化（见表 2-15）。446 人中，健康状况前后未变的只有 195 人，发生变化的却有 251 人，有变化的占比 56.3%；劳动能力前后未变的有 305 人，发生变化的有 141 人，有变化的占比 31.6%。由于生病（指大病和长期慢性病）、劳动力丧失、残疾等因素一般不会短期内有大的变化，所以，很有可能的原因是以前的"因病""因灾"界定不准，后来通过动态调整进行了更正，这也是以前识别不准的一个表现。

表 2-15　永顺村建档立卡人口健康与劳动能力信息变动

单位：人

2018 年	2017 年	2018 年	2017 年
健康　290	健康　105 患大病　100 慢性病　82 残疾　1 缺失　2	普通劳动力　184	普通劳动力　77 丧失劳动力　42 无劳动力　65
慢性病　80	慢性病　21 患大病　52 健康　6 残疾　1	丧失劳动力　8	丧失劳动力　17 无劳动力　8 普通劳动力　7
患大病　14	患大病　7 慢性病　6 健康　1	无劳动力　225	无劳动力 211 丧失劳动力 7 普通、技能劳动力　7
残疾　62	残疾　62	—	—

资料来源：建档立卡数据。

当前建档立卡人口的人均收入有新的特征。全部建档立卡人口的人均纯收入为 5701 元，按 2014 年脱贫、2015 年脱贫、2016 年脱贫、2017 年脱贫和未脱贫分，分别为 7629 元、6652 元、5725 元和 5359 元，越早脱贫，收入水平越高，应该说这是符合常理预期的。未脱贫户的收入水平仍然是最低的。

当前建档立卡贫困人口平均年龄达到 55 岁。与之前相比，老年人口比例进一步提高，从 47.7% 提高到 52.6%，未成年人口比例也有所提高，成年阶段人口比例下降。当前系统记录的在校生共有 71 人，其中义务教育阶段 45 人。未成年人以外人口的受教育程度依然很低，但是受过初中教育人口比例提高，小学及以下人口比例和高中及以上人口比例都下降。从建档立卡人口登记的健康状况来说，健康人口比例大幅度提高，从不到 1/3 提高到 2/3，患大病和慢性病的比例则相应下降，尤其是患大病人数下降为以前的 1/10。与此相对应，老年人口中，健康和患大病的人比例完全颠倒过来，健康比例达到近 2/3。

与健康状况变化相一致的是，劳动年龄人口中丧失劳动能力人数大幅度减少，老年人口中有劳动能力人数也大幅度增加。永顺村最新建档立卡人口的统计特征可见表 2-16，劳动力状况可见表 2-17。

表 2-16　永顺村 2018 年建档立卡户及人口统计特征

指标	选项	数值	指标	选项	数值	指标	选项	数值
家庭人口规模（%）	1 人户	39.2	人口健康情况（%）	健康	66.7	贫困户属性（%）	一般贫困户	81.4
	2 人户	40.1		长期慢性病	15.5		低保户	7.5
	3 人户	9.6		患有大病	4.7		五保户	11.1
	4 人及多人户	11.1		残疾	13.1	受教育程度（%）	小学及以下	67.7
家庭主要致贫原因（%）	缺劳动力	31.7	人均纯收入（元）	2014 年脱贫	7629		初中	27.4
	因病	26.1		2015 年脱贫	6652		高中及以上	4.9
	因残	17.4		2016 年脱贫	5725	人口年龄构成（%）	16 岁以下	9.0
	缺技术	13.2		2017 年脱贫	5359		16~60 岁	38.4
	其他原因	11.7		未脱贫户	3420		60 岁及以上	52.7

注：户基数和人口基数分别为 334 户和 657 人。其中，受教育程度的人口范围为 16 岁以上人口。

资料来源：建档立卡数据。

表 2-17　分年龄组的 2018 年建档立卡人口劳动力状况

单位：人

年龄组	普通劳动力	技能劳动力	丧失劳动力	无劳动力	小计
16~60 岁	213	5	34	0	252
60 岁及以上	97	0	7	242	346
小计	310	5	41	242	598

资料来源：建档立卡数据。

第三章

贫困村定点帮扶

在精准扶贫工作体制下，政府为永顺村安排了各种帮扶机制和力量，并在外部帮扶基础上逐渐建立村内的扶贫工作机制和队伍。本章在分析永顺村精准扶贫帮扶体制总体构架基础上，分别概括和分析永顺村的帮扶单位、第一书记、驻村扶贫工作队、帮扶责任人、定点扶贫、村"两委"及扶贫专干等帮扶工作开展情况。

第一节 贫困村定点帮扶总体构架

一 基本制度和体制

2014年7月9日，安徽省印发文件，建立"单位包村、干部包户"（简称"双包"）定点帮扶制度，[①] 由省扶贫开发领导小组和省委组织部共同印发。2014年10月，利辛县出台"双包"定点帮扶制度的实施意见，对全县每个建档立卡的贫困村都确定一个定点帮扶责任单位，每个建档立卡的贫困户都确定一名帮扶责任人。到2014年底，亳州市及利辛县又下发加强定点帮扶工作的通知，[②] 将全市的定点帮扶机制确立为市县领导联系扶贫点、"双包"和驻村帮扶三个方面。对识别认定的重点贫困村，分别由省、市、县三级安排单位包村帮扶，其中省直单位8个，市直单位14个，县直单位64个；对有扶贫任务的非贫困村，则以乡镇为单位派驻扶贫工作队，以村为单位选派扶贫工作联系人。

二 永顺村的定点帮扶和精准扶贫体制

在90个贫困村中，永顺村可能是幸运者之一，因为省公安厅被确定为它的包村帮扶单位，这是一个一般人们

[①] 《关于建立"单位包村、干部包户"定点帮扶制度的实施意见》（皖扶组〔2014〕10号）。

[②] 《关于进一步加强定点帮扶工作的通知》（利办〔2015〕105号）。

认为资源丰富、动员能力强的单位。驻村第一书记由定点帮扶单位派遣。在利辛县体制下，最初的驻村扶贫工作队一般由5人组成，第一书记兼任队长，抽调一位乡镇干部为副队长，另外三位队员由村干部组成。"干部包户"方面，利辛县要求县直单位每名干部都要联系贫困户，不足以覆盖贫困户的部分，则由省市镇村干部乃至事业单位干部补足。所以，永顺村初始的贫困户帮扶责任人来自省、市、县、镇、村及事业单位等，构成复杂。

在领导定点帮扶方面，时任亳州市委书记联系帮扶利辛县，以及该县的永兴镇和永顺村，因此就不再安排利辛县领导联系和帮扶永顺村。[1] 前任市委书记杨敬农帮扶期间，帮助化解村级债务12万元，协调古井集团捐助98万元用于村基础设施建设；对定点联系的5个贫困户进行入户慰问、协调市级企业开展教育捐助等。接任的市委副书记方晓利联系3个贫困户，每次慰问提供1000元慰问金。

自2014年10月建立定点帮扶体制以来，永顺村的扶贫体制总体稳定，但是也发生了一定变化：2016年7月，由于帮扶责任人的帮扶责任落实不好，永顺村更换了一批帮扶责任人，新的责任人主要来自县公安局和镇中学以及村小学；与此同时，为了因应"干部包户"效果不显的情况，在利辛县统一安排下，永顺村设立了村干部分片"包保"制度，与帮扶责任人同时发挥联系贫困户作用。与驻村帮扶同步，村里设立扶贫工作站，成员为"两委"主要负责人和三位聘任的扶贫专干。站长李月新，成员高明

---

[1] 《关于进一步加强定点扶贫帮扶工作的通知》（亳办〔2015〕64号）。

才、李香明、李勇、李利强，承担村级扶贫日常事务工作。扶贫工作站重点是抓好贫困户建档立卡工作，做好扶贫监测、统计，迎接各类评估考核检查，并负责承办镇政府和上级业务部门交办的各种与扶贫相关的工作。

可见，在直接面对贫困村和贫困户扶贫事务层面，村级的精准扶贫工作建立了由村"两委"、驻村第一书记、驻村扶贫工作队以及贫困户帮扶责任人组成的四支队伍，但是上级对这四支力量有着复杂的领导、管理、协调关系（见图3-1）。村"两委"接受乡镇党委政府领导，驻村第一书记（工作队长）接受党委政府和派驻单位的双重领导，驻村扶贫工作队主要受乡镇党委政府领导，帮扶责任人则主要受委派单位领导。另外，定点帮扶贫困村的市县领导则对乡镇党委政府、村级各扶贫力量均有指导职能。这些扶贫力量中，承担主要职责和主要接受考核监督约束的是村书记、村主任和第一书记（工作队长）这三个人，对其他干部的激励或约束均不明显。

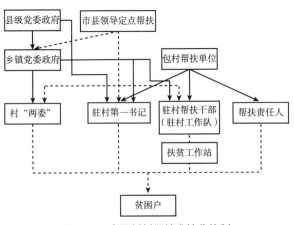

图3-1　永顺村村级精准扶贫体制

第二节　单位包村帮扶

一　帮扶单位及驻村干部的确定

根据安徽省扶贫开发领导小组、省委组织部印发的《关于建立"单位包村、干部包户"定点帮扶制度的实施意见》（皖扶组〔2014〕10号）（简称《实施意见》），确定永顺村帮扶单位为安徽省公安厅。据介绍，由于安徽省委政法委是利辛县的省直帮扶单位，因此归政法委领导的公安厅也就确定在利辛县联系帮扶一个贫困村。永兴镇共上报三个重点贫困村，其中永顺村是最困难的，因此省公安厅确认帮扶永顺村。根据制度要求，包村单位要确定一名事业心强、熟悉农村工作的干部常年驻村帮扶，此即驻村帮扶干部，将担任驻村第一书记以及驻村扶贫工作队长。2014~2017年，省公安厅派驻永顺村的驻村干部为刘虎，系公安厅民警，他是主动申请从事驻村帮扶工作的。

刘虎在永顺村担任第一书记以及驻村扶贫工作队长的时间为2014年11月至2017年10月，历时3年整。但是实际上由于工作程序上的原因，他坚持到2018年4月才正式离任。尽管永顺村在2016年底就已经脱贫出列，但是帮扶单位的帮扶责任要一直延续到2020年脱贫攻坚期结束。从而，在刘虎作为第一书记的任期延续到贫困村出列之后，2018年4月，省公安厅又委派了另外一位干部孙皆安来继续担任第一书记和驻村扶贫工作队长。

二 包村帮扶机制

根据安徽省"两包"制度规定以及省公安厅制定的帮扶工作方案,包村帮扶单位应承担的职责包括以下几方面。

(1)明确单位包村的职责任务,尤其是省《实施意见》关于单位包村职责的前三条:①宣传和帮助落实党和国家农村工作和扶贫开发的重大方针政策;②帮助贫困村科学制定扶贫开发规划和年度实施计划,落实帮扶措施;③发挥单位优势,统筹各类资源帮助贫困村解决实际困难和问题。

(2)明确厅直各单位职责分工。

(3)派驻驻村帮扶干部。

(4)明确干部包户的职责任务和实施办法。

(5)切实落实扶贫开发各项工作要求。

三 包村帮扶工作开展情况

根据刘虎提供的任期工作总结以及访谈资料,省公安厅对于永顺村的包村帮扶工作可以概括为以下六个方面。

(一)厅领导尽责履职

省公安厅领导高度重视,直接关心和参与扶贫工作。

根据定点帮扶要求，省公安厅领导班子成员先后 6 次到永顺村开展调研，组织捐赠和慰问，落实和检查扶贫项目，探讨扶贫开发思路。厅主要领导 3 次听取选派帮扶干部工作汇报，还到村讲党课 1 次。

（二）选派得力干部开展驻村扶贫工作

一期选派刘虎同志到永顺村担任第一书记、驻村扶贫工作队长，为其开展工作提供全方位支持，获得了三年全优以及任期优秀的良好成绩。第一位驻村干部任期结束后，尽管永顺村已经在 2016 年底脱贫出列，但是公安厅继续帮扶，为永顺村下派了第二位驻村帮扶干部。基层党建、争取资源、形成发展思路、发展产业和社会事业等工作，都是由驻村干部具体带头实施的，当然这些都离不开帮扶单位的支持。

（三）整合单位业务经费，为永顺村扶贫和发展提供资金支持

省公安厅不仅为驻村干部配备了专项帮扶资金，还应驻村干部的申请，从机关结余经费中拨款作为帮扶资金，用于永顺村道路建设和产业发展。据统计，省公安厅为永顺村提供的直接帮扶资金达 135 万元；捐赠 5 台电脑，用于改善村办公条件；捐赠 2 万元用于吕集教学点校园监控设施建设。

（四）组织职工募捐和节日走访慰问活动

2015 年春节，组织机关干部走访慰问 37 户贫困户，

平均每户捐赠财物共计 2000 元；2015 年，在首个"扶贫日"，组织全厅干警和现役部队官兵捐款 23 万余元；省厅某部门联系帮扶 2 名贫困大学生，每年组织干警捐赠助学金资助他们直至大学毕业，合计资助金额 1.5 万元。截至 2017 年 1 月，先后募集 30 余万元和价值 10 万元物资，改善了贫困户生活条件、贫困村办公条件。刘虎同志还以个人名义长期帮扶永顺村 2 名品学兼优的贫困儿童。

（五）积极联系和争取各种渠道的社会帮扶资金

其中包括，联系古井集团捐款 98 万元，用于产业基地建设；联系启明公益基金会，捐赠 40 万元，用于建设集体光伏电站；联系安徽博爱公益基金会，并联合爱心企业，为永顺村吕集教学点捐赠了 5 万元现金和 6 台电脑设备。2017 年底，联合安徽广播电视台和爱心企业，为永兴校区捐赠价值 3 万元的医疗器材。

（六）开展"一村一警"社会治理创新以及农村"天网工程"

省公安厅结合公安部门业务特点，在永顺村开展了"一村一警"社会治理创新以及农村"天网工程"，改善了治安管理条件和治安形势。

总的来说，在帮扶单位的大力支持和驻村干部积极作为两方面因素的共同作用下，永顺村贫困面貌和发展条件的改善以及贫困户脱贫成效是非常明显的，永顺村也从一个落后村变为一个村庄治理和脱贫发展的先进村。

第三节 驻村帮扶

一 由驻村扶贫工作组到驻村扶贫工作队

为贯彻《关于创新机制扎实推进农村扶贫开发工作的意见》（中办发〔2013〕25号）要求，即健全干部驻村帮扶机制，在现有的工作基础上，普遍建立驻村扶贫工作队（组）制度，可以分期分批安排，确保每个贫困村都有驻村扶贫工作队（组），每个贫困户都有帮扶责任人。利辛县扶贫办2014年3月19日召开全县扶贫开发驻村工作培训会，要求分期分批从县直部分单位和乡镇选派驻村扶贫工作组，进村入户开展联系帮扶工作，首批选派84人，组成28个工作组，进驻2014年有扶贫开发整村推进任务的28个重点村。[①]据刘虎介绍，在第六批选派干部下村之前，安徽省贫困地区驻村扶贫工作组由各县自行组织。驻村扶贫工作组的主要目标任务是：①协助基层组织贯彻落实党和政府各项强农惠农富农政策，积极参与扶贫开发各项工作；②协助做好贫困人口识别和建档立卡工作；③逐村逐户分析致贫原因，制订脱贫计划，落实帮扶措施；④建立脱贫致富长效机制，做好社会扶贫工作，帮助贫困村、贫困户脱贫致富。

[①] 《利辛县召开全县扶贫开发驻村工作培训会》，http://fpb.lixin.gov.cn/2712492/4318965.html；利辛扶贫办：《关于向重点贫困村派驻扶贫工作组的通知》。

安徽省"19 号文件"中提出建立"单位包村、干部包户"制度，建立驻村扶贫工作队。驻村扶贫工作队由包村帮扶单位派驻的驻村帮扶干部（以下简称"驻村干部"）、联系贫困村的乡镇干部以及所在村的大学生村官和"三支一扶"有关人员组成，队长由驻村干部担任，每批驻村扶贫工作队任期为 3 年。永顺村驻村扶贫工作队长由第一书记刘虎兼任；副队长杨文光为镇党政办公室副主任；成员李大新为镇政府工作人员。新一届驻村扶贫工作队由孙皆安、杨文光（镇包点干部）、李勇（扶贫专干）三人组成（见表 3-1）。

表 3-1　2014 年以来永顺村驻村扶贫工作队组成

时间	2014 年	2014~2018 年	2018~2020 年
队长	郑成成 （镇派出所干警）	刘虎 （省公安厅干部）	孙皆安 （省公安厅干部）
副队长	彭超 （镇团委书记）	杨文光 （镇党政办副主任）	杨文光 （镇党政办副主任）
队员	李保山 （镇农林水综合服务站干部）	李大新 （镇政府工作人员）	李勇 （村扶贫专干）

资料来源：利辛县扶贫局，《驻村工作组人员联系名册》，http://fpb.lixin.gov.cn/2712492/4318969.html。

二　驻村扶贫工作队长的选派

在 2014 年 8 月 31 日安徽省省委办公厅下发《关于做好第六批优秀年轻党员干部到村任职工作的通知》（厅〔2014〕22 号）后，省公安厅国保总队的干部刘虎同志向组织递交了申请，经过层层选拔，他从众多报名的同事中脱颖而出。根据利辛扶贫局《关于潘伟等89名同志到村任职的通知》（利扶贫〔2014〕7号），刘虎于2014年11月到村任职，担任第一书记、驻村扶贫工作队长，任期3年。因工作突出，在2015年、2016年考核中被评为优秀，2017年4月被利辛县扶贫开发领导小组授予利辛县"最美扶贫工作队长"称号，2017年6月被中共利辛县委评为利辛县优秀选派第一书记（驻村扶贫工作队长），2017年7月被亳州市文明办评选为"亳州好人"，2018年3月，中共安徽省委组织部、安徽省扶贫开发领导小组办公室、安徽省财政厅、安徽省人力资源和社会保障厅联合授予刘虎同志"全省优秀选派帮扶干部标兵"荣誉称号。2018年4月，省公安厅孙皆安同志接替刘虎，成为新一届永顺村第一书记兼驻村扶贫工作队长。

三 驻村扶贫工作队长的职责

根据2014年安徽省委组织部、省扶贫开发领导小组办公室、省财政厅、省人力资源和社会保障厅2017年《关于印发〈安徽省驻村扶贫工作队管理办法〉的通知》（皖扶办〔2014〕103号）和2017年《关于印发〈安徽省选派帮扶干部管理办法〉的通知》（皖组通字〔2017〕38号）、《利辛县驻村扶贫工作队管理办法》等文件的要求，驻村扶贫工作队长主要有以下七个方面的职责。

（1）负责对工作队队员的管理，制订工作队年度工作计划。

（2）负责建档立卡的数据更新。

（3）牵头编制扶贫项目，争取相关部门的支持，并组织实施、管理和监督。

（4）负责安排和管理工作队工作经费。

（5）负责落实单位包村的各项帮扶措施，协助做好本单位干部包户工作。

（6）定期向包村单位汇报贫困村工作情况并争取支持。

（7）年底撰写工作总结，并向乡镇、县级组织、扶贫部门以及派出单位报告。

四　主要工作开展情况

2014年以来，刘虎作为永顺村第一书记、驻村扶贫工作队长，主要开展的工作有以下四个方面。

（一）党员与村民访问，熟悉村情民意

按照"五必访五必问"的要求，到老党员、老村干、致富能手、返乡农民及贫困户家中走访座谈，征询他们对村发展的建设意见、发展思路，经过近三个月的深入走访调研，刘虎跑遍了全村16个庄，熟悉了村情民风。

（二）加强党建和基层组织治理

2014年底，针对永顺村村组织软弱涣散、存在很多历史遗留问题、村干部"绕着问题走"等现象，刘虎对

村内存在的问题进行摸排，按照发现什么问题就解决什么问题，什么问题突出就重点解决什么问题的方法开展工作。刘虎从基层党组织建设入手，以"三会一课"制度为抓手，加强政治理论和扶贫政策学习、健全密切联系群众各项措施，全面推进了基层党组织标准化、规范化建设。2015 年上半年，先后组织村"两委"召开支部委员会、党小组会 5 次，邀请镇组织委员、大学生村官定期来村里上党课，规范了基层党组织的活动；带领村"两委"班子一起，先后协调化解了 3 起信访案件，提前处置了 1 起涉及 20 名村民因近 40 亩土地流转纠纷引发的群体上访事件，帮助 1 名贫困户打赢了医疗纠纷官司。永顺村综合工作排名也由 2014 年底的倒数第一上升到 2015 年的全镇第六名，2017 年永顺村党支部被利辛县委表彰为先进基层党组织。

同时，第一书记致力于理顺与村总支书记以及扶贫工作队员之间的关系。在第一书记与总支书记之间，第一书记主要主持对外联系事务，村总支书记主要负责村内事务。在驻村扶贫工作队长和工作队员之间，队长主要负责掌握发展思路和政策方向，工作队员主要起辅助作用以及从事资料和数据收集等具体工作。在设立扶贫专干之后，工作队员的压力有所减轻。

（三）推动发展思路的形成和落实

以前，永顺村基础设施薄弱，除了传统农业外几乎没有任何新型经营主体以及其他产业活动。在第一书记的带领和推动下，永顺村"两委"班子逐步形成了统一认识：以土地流转推动农业产业结构转型，建立适度规模经营的农业示范产业，扭转农民传统种植观念。为落实这个思路，他们采取的方法是，利用项目和帮扶资金，以村集体名义流转土地，将其中的优质、连片土地流转给新引进的3家新型经营主体使用，剩余一部分土地则由村集体注册的合作经济组织尝试开展集体经营。村里还利用扶贫项目资金，创建扶贫产业基地，在基地内发展核桃、蔬菜大棚和肉鸭养殖相结合的循环农业，扩大新型农业经营规模，带动贫困户和其他农户就业。

（四）积极争取帮扶资金、资源

通过第一书记的努力，永顺村积极争取到来自帮扶单位、其他爱心企业、各类公益基金组织、利辛县涉农各部门的大量资金和资源，用于永顺村建设和发展。据统计，三年多以来，全村共整合各类项目资金 1000 多万元，项目 10 余个，实现了村民组道路全硬化，完成了农村电网改造，建成了总装机容量 760kW 的 5 座光伏电站；改善了村小学教学点设备设施，建成了一个千亩规模的扶贫产业示范基地，实施沟渠治理，开展新村规划和建设。这些项目和资金的落实，极大改善了永顺村群众的生产生活条件，提升了党组织在群众心中的形象，奠定了产业发展的基础，有力地保证了脱贫攻坚工作的顺利开展。

第四节　干部包户与贫困户帮扶责任人

　　根据安徽省的制度设计，"双包"制度的另一个"包"是指"干部包户"，即由包村单位的干部联系贫困户，成为帮扶责任人，确保每个贫困户都有帮扶责任人。这个制度本意是与单位的包村帮扶形成分工，由包户干部建立与贫困户的一对一联系，了解情况，掌握需求，帮助制定和落实帮扶措施，帮助解决实际问题和困难。干部包户是一种理想化的制度设计，可以弥补帮扶力量的不足，还能发挥帮扶责任人的主观能动性和社会资源的作用。但是这种制度设计的成功仰仗两方面条件：一方面，包户干部需要有充分的帮扶意愿、能力和可行条件；另一方面，干部对贫困户的帮扶需要得到镇村各级扶贫政策和力量的配合，并非负完全责任。可惜这两方面条件很多时候都不成立，导致干部包户制度设计的失效。这也是我们考察永顺村"干部包户"制度落实情况的出发点。

一　第一批帮扶责任人及其帮扶情况

　　干部包户制度早在 2014 年 7 月便已建立。2014 年底，永顺村的包村单位——省公安厅已经确定，包村单位委派的驻村干部也已经上任，来自包村单位的包户干部名单也应同步确立。但是，资料显示，2014 年 12 月，永顺村的确已经为建档立卡贫困户确立了帮扶责任人名单，但是并非省公安厅的干部，而是 7 位村"两委"干部和 3 位村内党员，合计只有 10 人。这 10 人共帮扶367 户贫困户，其中党员平均每人联系 7 户，村"两委"干部平均每人联系 50 户。由于当时还没有具体的帮扶措施，帮扶内容基本上是入户走访、摸排家庭基本信息及贫困户需求情况。

二 帮扶责任人的调整

2016 年 7 月，永顺村贫困户帮扶责任人进行了调整。利辛县公安局成为主要的帮扶责任单位。永顺村以外的帮扶责任人大部分来自县公安局，此外还包括省公安厅、亳州市委、利辛县政府、利辛县公安局、永兴镇政府、永兴中心小学、村"两委"干部、永顺村卫生室、吕集教学点和村内党员，合计帮扶责任人共 62 人，共帮扶 283 户，平均每人帮助 5 户。2017 年 6 月和 7 月对永顺村建档立卡贫困户帮扶责任人进行了微调，亳州市委主要领导调整为市委研究室 1 位干部，县公安局减少 1 人，永兴中心小学1 人不再结对帮扶。2018 年 4 月驻村第一书记轮换后，新书记接手为原书记结对帮扶的 5 个贫困户。微调后，目前永顺村共有 63 名结对帮扶责任人，绝大部分贫困户都安排了 2 位帮扶责任人，其中 1 人是村包点干部；另 1 人是委派的帮扶人（见表 3-2）。

表 3-2　2016 年 7 月以来永顺村贫困户帮扶责任人情况

单位：人，户

帮扶责任人单位	2016 年 7 月至 2017 年 6 月		2017 年 7 月以来	
	帮扶责任人数	帮扶户数	帮扶责任人数	帮扶户数
安徽省公安厅	1	5	1	5
亳州市委	1	3	-	-
亳州市委研究室	-	-	1	3
利辛县政府	1	3	1	3
利辛县公安局	29	141	28	139
永兴镇政府	2	10	2	11
村两委干部	7	-	7	316
村党员	11	73	13	90
永顺村卫生室	1	5	1	5
吕集教学点	8	38	9	43
永兴中心小学	1	5	-	-
合计	62	283	63	324

注：2017 年 7 月以来，因绝大部分贫困户都有 2 位帮扶责任人，故表中后 1 个合计的帮扶户数为当时全村的建档立卡户数，与帮扶责任人帮扶户数的加总数并非对应关系。

资料来源：根据利辛县公安局民警包户清单文件、国办系统导出数据整理。

　　调整后，帮扶责任人的帮扶行动有所起色。目前，亳州市要求所有帮扶责任人手机安装市办 App，每月要求到贫困户家中走访 2 次，在 App 内打卡签到和签退。但是，多数帮扶责任人仍仅是达到帮扶工作考核要求，到贫困户家主要是慰问，送些油、米、面等食品，拍照留作考核依据；而对所帮扶的贫困户脱贫措施研究不深入，难以做到主动思考。而且，由于省、市、镇、村各级均有相关帮扶责任人对贫困户进行帮扶，最终基层压力很大。县里干部认为，与法定的帮扶责任人相比，在帮扶过程中，村干部最熟悉本村相关贫困情况，对贫困户拥有最大、最真实的信息量，帮扶也最有实效，这也是县里为每个贫困户既安排一个"法定"帮扶人，又安排一个村包点干部的初衷。

三 村干部"包保"制度

主要是由于认识到干部包户制度效果不理想,亳州市整体上在干部包户体系之外,基于村干部最了解情况的认知,另外建立了一套村干部包保贫困户的制度,即将贫困户分配到各村干部名下,一人往往要联系几十户。这样,贫困户就有了两位帮扶责任人,上面派来的帮扶责任人帮扶职责有所虚化,主要职责变成了探访和慰问;村级层面的帮扶干部职责是实质性的,贫困户有什么问题都需要与他们联系,主要职责是为其办事。现在每户的两位帮扶人都被登记到系统里,倒也是个好的做法,把包点干部的帮扶身份和职责也"正规化"了!从永顺村的实际情况看,与贫困户联系的绝大部分工作都是由 7 个村干部以履行"包片"职责的方式落实的。哪个干部负责哪个片区,那么这个片区里的所有贫困户的大小事务也就由这位干部负责了。

第五节 村"两委"及扶贫专干

一 村"两委"工作重心调整情况

"上面千根针,下面一条线。"在村里,事无巨细,都是由村"两委"班子 7 位成员共同承担了。我们提出工作中心调整的问题，是因为在逻辑上，正常情况下，村"两委"承担村务治理和村庄发展事务，是面向全体居民的；而现在开展精准扶贫的服务对象只是300多户贫困户，只占全村居民14%左右。如果将工作精力都用于扶贫，那么会不会影响对全村居民的服务？

对于这个比较"虚"的问题，村干部也很难回答上来，况且他们本来也是不善言辞。经过多次考察和交流，我们认为，虽然村干部对全村的总体发展思路并没有过多思考，往往把主要精力用于具体事务上，但是，近年来，永顺村的村庄治理的确发生了很大的变化，体现在以下几个方面。

第一，治理力量得到了加强。首先是村"两委"班子较为稳定，且稳中有变。李月新自从2008年以来连续担任总支书记，对村里重要工作全盘把握，有奉献精神。其次是省委组织部连续两批下派干部驻村帮扶，帮助村里形成发展思路，对外争取资源，这是非贫困村无法比拟的。另外就是通过脱贫攻坚工作，村里选拔、培养了年轻后备干部，有望解决干部老化问题。

第二，村庄发展事务从无到有，精准扶贫起到了引擎作用。以前，村里的工作中心主要是各种收费，如农合费、农保费、超生罚款等，村干部为此多少都有垫资。现在，农合和农保收费事务都还有，但是已经不是主要工作。现在的主要工作包括精准扶贫、基础设施建设、产业发展以及新村建设，其中产业发展和基础设施建设都是借着精准扶贫的机会才有的。新村建设和相应的土地调整和复垦、

"增减挂钩"等工作，因为只涉及 3 个自然庄，所以工作量还不是特别大，却是永顺村从脱贫到美丽乡村建设（乡村振兴）的桥梁。

第三，在脱贫攻坚体制下，扶贫专干承担了档案资料工作，解放了村干部的工作精力。

二 扶贫专干的设立与工作职责

扶贫工作有许多具体事务，尤其是资料和数据。所以，利辛县从 2014 年起建立了专门的扶贫专干制度，利用财政资金为扶贫专干支付工资。永顺村从 2014 年起就开始设立扶贫专干。第一位扶贫专干是李香民，是已经到龄离任的前任村干部，又被返聘回来，擅长文书和资料工作。李香民的扶贫专干任期是 2014 年到 2016 年 12 月。2017 年 1 月 1 日起，村民李勇担任扶贫专干。2017 年 12 月 1 日，李利强通过县统一考试，分配到永顺村担任扶贫专干；2018 年 4 月，岳钰加入扶贫专干队伍。至此，永顺村共有 3 位扶贫专干，年轻，而且学历较高（见表 3-3）。三位扶贫专干的月工资均为 2000 元，相当于村支书待遇。

表 3-3　永顺村三位扶贫专干基本情况

姓名	性别	出生年份	户籍地	学历
李勇	男	1979 年	永顺老家庄	大专
李利强	男	1987 年	永顺老家庄	大学本科
岳钰	女	1990 年	永顺兰关滩庄	中专

资料来源：永顺村提供。

扶贫专干的主要工作是：将扶贫相关数据及资料收集归档，准备相关检查、互查的资料。2017年八九月开始，永顺村根据扶贫办提供的新的建档立卡数据，重新整理了每户一份的精准扶贫档案以及各个年度的贫困户脱贫退出档案。其中，脱贫档案所基于的贫困户名单是2017年年中动态调整之后的系统数据，与2014年到2016年的实际脱贫名单有较大差别。

扶贫资料工作量是非常大的，但是扶贫专干不应该只是做资料整理工作，更应该把精力投放于实际的帮扶工作，才能让这个制度起到更好的作用。况且，作为扶贫专干的李勇现在根据制度规定，还是驻村扶贫工作队的队员。不过根据访谈情况，由于村里的贫困户超过300户，所以配备了3名扶贫专干，全身心投入资料和档案整理工作，基本不参与帮扶事务。具体的帮扶工作由村干部"包片"实施，帮扶项目情况则由村书记和第一书记掌握。

第四章

扶贫项目与资金

自从被确立为建档立卡贫困村以来，永顺村获得或者经过争取得到了不少的扶贫项目与资金支持，这成为本村扶贫开发和发展的主要动力来源。现在到永顺村里看，的确可以用耳目一新来形容：笔直的水泥路四通八达；多处可见大田作物之外的、郁郁葱葱的家庭农场；新村建设初见雏形；村小学有了崭新变化，漂亮的幼儿园等待开学。本章归纳近年来永顺村获取的各项建设项目的实施情况，并尽可能根据可得信息总结其取得机制，以及各类资助资金的来源、取得方式及其分配使用。

第一节　永顺村实施的建设项目

一　建设项目概要

如果不是特别细致地梳理和归纳，可以用"不计其数"来描述永顺村获取的各类大小项目。但是如果从建设内容进行归类，可以将其划分为道路建设、光伏电站、新村建设、农田水利建设、农网改造、天网工程、学校改造建设、产业发展等八类。每类项目可能有多处建设场所或子项目，也可能有多个资金来源。有的项目本身就是带有资金的，例如部分道路项目、新村建设项目、农网改造项目等；有的项目并非真正的"项目"，而是一种潜在需求，需要募集资金才能实现，例如部分道路建设、学校改造、扶贫产业基地建设等；还有的项目具有"钓鱼"效应，有一部分财政资金的投入，需要撬动社会资助、银行融资方能实现，如光伏项目（见表4-1）。

表4-1　脱贫攻坚以来永顺村建设项目及其资金来源

项目类型	项目内容	资金来源
道路建设	通村道路、村组道路、其他村连通道路	财政专项扶贫资金、行业部门资金、社会帮扶资金
农田水利建设	桥涵建设、村塘整治、机井、水沟疏通	行业部门资金
农网改造	变压器、增容	行业部门资金、社会帮扶资金
天网工程	安装监测探头30余个	行业部门资金

项目类型	项目内容	资金来源
光伏电站	集体电站、分户电站、虚拟电站	财政专项扶贫资金、农户资金、社会帮扶资金、贷款
新村建设	新村规划、新民居建设和配套、配套基础设施和服务设施建设、土地整理	县城投公司贷款、土地增减挂钩收益
学校改造建设	学校改造和设施更新、新建幼儿园	行业部门资金、社会帮扶资金、项目配套资金
产业发展	扶贫产业园、为新型经营主体提供支持	其他相关建设项目向产业发展项目倾斜

资料来源：根据收集资料整理。

永顺村的介绍材料中还提到了作为项目及资金来源的"51222"产业脱贫工程[①]、财政"一事一议"奖补项目、高标准农田整治项目、村村通工程项目、危桥改造项目等，受资料限制，无法一一考证。但是可以估计现有建成的项目中，很可能就有来自这些项目的资助。

二 各建设项目的基本情况

（一）道路建设

永顺村距离镇政府约4公里，地处本镇边缘地带，由两个村合并而成，村内共有16个自然庄，而且分布相对分散，所以道路建设需求很大。2015年以来，全村共修建道路总长度约12公里，其中将近10公里为水泥路，约2公里多为砂石路。目前，村内基本建成了纵横交错

---

① 据了解，"51222"产业脱贫工程，主要是收购青贮了永顺村的玉米秸秆，每亩能增加农民收入200~300元。

的水泥路网，各自然庄都已经由水泥路连通起来，扶贫产业园以及主要的家庭农场基地都已经修通了道路。此外还维修加固损毁桥梁 3 座。目前，全村道路交通问题大部分已解决，部分经营主体还存在少量生产性道路建设需求。据了解，2018 年永顺村向上级申报了 7.9 公里的道路修建计划，但是还在"排队"过程中，尚未得到批准。

（二）农田水利建设

永顺村是个农业大村。2014 年以来，永顺村建设的农田水利项目包括疏通长水沟等大中沟总长 5.2 公里；改造村塘 6 面；新打机井 50 眼；新建桥涵 34 座。其中部分设施是为新型经营主体配套修建的。调研发现，以上建设内容都属于农业基础设施，但是在部分村民组并没有得到很好的珍惜，仍会发生沟渠被占用甚至堵塞，以致发生庄稼被淹的情况。另外，永顺村还没有开始实施基本农田改造和高标准农业建设，即使有，也是新型经营主体的自发行为。

（三）农网改造

永顺村不存在农户家中不通电问题，电力问题主要在于线路老化以及生产性电压、电容不足。2015 年以来，永顺村新架设或整改村域供电线路 7.5 千米，新装变压器 3 台，增容 260 千瓦时。其中部分设施是直接为新型经营主体的生产基地安装配备的，作为对其的支持措施，例如为醉香园家庭农场支付了打井、土地整治、配备变压器、安装下水管等费用。据了解，到 2018 年初，永顺村的 16 个自然庄农网改造任务刚完成一半左右，还有一半在 2018 年下半年实施。

（四）天网工程

利用下派驻村干部来自公安部门的便利条件，率先在村里实施天网工程，在村部、光伏电站、扶贫产业基地等处设置摄像头 40 多个。

（五）光伏电站

永顺村抓住利辛县大力发展光伏扶贫产业的机遇，先后实施三期光伏建设项目，共建设了 5 座光伏电站，分布于不同的自然庄。每期采取不同的投资、产权以及收益分配模式。这些电站中，仅第 2 座电站为分户式，48 个农户每户支付了 3000 元费用，从而其发电收益也固定归这些农户。第 1 座电站为集体所有，发电收益为村集体经济收入；第 3 期的 3 座为虚拟电站，收益原则上归全体贫困户，但是可由村集体根据需要酌情分配给最需要的贫困户。

（六）新村建设

2017 年，永顺村获得了省级美丽乡村建设试点项目，实施了新村建设、老村村容村貌改造、包括村部和文化大舞台等在内的配套建设、入住新村农户的土地整理和复垦等。据了解，新村建设不属于扶贫项目，但是就扶贫与发展的有机衔接看，新村建设在永顺村具有重要的承上启下意义。

（七）学校改造建设

永顺村作为一个行政村，村内只有一所小学教学点，在校生为一到四年级。2016年以前，校舍条件简陋，师资条件薄弱，但是校园内一株老梨树偶然地成为永顺村历史的见证者。2016年以来，主要是在驻村干部的支持下，村小学获得了一系列教学资源援助，包括电脑、课桌椅、监控设备、操场设施等。此外学校还通过政府专项经费，修建了食堂，解决了学生在校用餐问题。村教学点近两年已经努力恢复为完全小学，2017年将五年级学生接回上课，2018年五年级学生在本校升入六年级，共有六个年级六个班。以前村里没有公办幼儿园，有3所大小不等的私人幼儿园。新村建设项目中，在新的中心村村部隔壁，新建了一所公办幼儿园，但是2018年秋季开学时未能启用。总的来看，目前村内教育条件大为改善。

（八）产业发展

这里的产业发展不是指直接的产业发展行为，而是指村里以及更高层级为各产业经营主体提供的产业发展支持政策措施，即所谓"搭台"之举。永顺村为了给企业和大户"搭台"，颇费心思，措施包括修建生产性道路、农网改造、为经营者解决特殊性基础设施需求、协助流转土地等。有些困难和需求是村里解决不了的，就向镇政府乃至县里有关部门申请解决。这些产业发展支持措施为村里目前的产业发展局面起到积极推动作用。

第二节　扶贫项目资金来源及用途

本节所说的扶贫项目资金是指在村域范围内可以分配和使用的资金，主要是用于项目建设的资金。除此之外，在村域视野里，如果讲到扶贫资金，至少还包括各种专款专用、制度性分配、基层没有分配权的资金，例如低保金、教育资助、医疗资助、危房改造补助等。

大体上可以将到村的扶贫项目资金划分为五类：财政专项扶贫资金、行业部门专项资金、驻村帮扶单位的帮扶资金、其他社会帮扶（捐助）资金和金融贷款资金。因2016年6月安徽省已经出台整合使用财政涉农资金的政策，故对财政专项扶贫资金以及部门资金的区分意义不大，可以将资金重新归类为政府资金、社会帮扶资金和金融资金三类。到2017年底，永顺村累计获得的各类帮扶资金达到2700万元。

一 政府资金

政府扶贫资金来源多样，包括财政专项扶贫资金和各级政府财政预算资金，有的来自各县级单位，有的则是通过镇财政账户管理，而用于村内项目发展的资金，在镇财管所也可能分别在镇本级账户或镇代管的村账户上。根据刘虎的第一书记任期总结，2014~2017 年，永顺村共从利辛县农发、交通、水利、财政、扶贫、教育、农委等部门，争取到各类项目资金 1000 多万元，项目 10 余个，建设成果包括：村民组道路硬化、农村电网改造、光伏电站、吕集教学点办学条件改善、沟渠治理、建成千亩规模的扶贫产业示范基地等。因为很多项目是在县里直接立项、直接实施的，所以村里和镇里都见不到项目信息，或者见到也忘记了，只能见到项目成果。目前部分可以考证的永顺村项目资金可见表 4-2，其中所列资金将近 800 万元。还有水沟清淤、砂石路修建、天网工程、桥涵建设、危桥改造、光伏三期等项目也有很大可能来自政府资金资助，只是数据没有得到考证。因此，到 2017 年底，全村收到超过 1000 万元政府扶贫项目资金是没有问题的。另外，新村建设也是一个不小的系统工程，计划投资达到 965.2 万元，目前仅有小部分子项目处于收尾阶段，大部分都已经竣工验收完成。这两类项目加起来，就是将近 2000 万元资金。

表 4-2　永顺村项目资金列表

项目名称	政府资金（万元）	政府资金来源
一期光伏	25	专项扶贫资金 21 万元，市财政补助 4 万元
二期光伏	76	专项扶贫资金 40 万元，市财政 10 万元，县财政 26 万元
2014 年通村公路	90	专项扶贫资金
2016 年村内水泥路	250	行业部门资金
改造村塘 6 面	30	行业部门资金
电网改造 7.5km+3 台变压器	135	行业部门资金
新打机井	54	行业部门资金
新建自来水入户	88.8	专项扶贫资金
小学食堂建设 360 平方米	34	行业部门资金
合计	782.8	

资料来源：根据镇、村提供资料整理。

二　社会帮扶资金

永顺村的社会帮扶资金可以分为两类，一类是驻村帮扶单位的帮扶资金，包括从单位专项业务经费中出资的钱，以及干部职工个人捐赠的钱物；另一类是其他单位和个人捐赠的钱物，有的是通过驻村帮扶单位（干部）联系、争取来的，有的是通过其他渠道获得的。根据不完全统计，永顺村获取的社会帮扶资金合计达到 291 万元。

（一）驻村帮扶单位的帮扶资金

永顺村的驻村帮扶单位为安徽省公安厅，以制度性帮扶资金、根据申请拨付的帮扶资金、临时捐赠、组织干部职工捐赠等方式，给予了永顺村较大的资金支持。对于公安厅到底给永顺村捐赠了多少钱物，可能由于口径不同，在不同资料中有不同说法。在"选派干部工作实绩表"中，选派单位捐赠现金130万元，捐赠电脑5台，走访慰问贫困户、"五老人员"累计捐赠财物10万余元，资助2名贫困大学生累计捐赠现金1.5万元。如果将电脑折价为4000元/台，那么各项资助合计可达143.5万元。在"选派帮扶干部第三年度暨任期工作情况统计表"中，选派单位支持钱物折合金额为143万元。可见这两处数据可以对应上（如果将5台电脑折价为1.5万元的话）。

如果将这些帮扶、捐赠资金（物品）进行分解，则多少还有些无法对应的地方。综合不同来源的信息，能够确定的资助项目有：首批支持产业发展专项资金232622.5元（一般简称23万元）、两笔用于修路的资金各50万元、捐赠村小学2万元现金，合计125万元。其他捐赠有的是实物，有的是到户的慰问金，不应计算在现金捐赠内。曾经在某处看到还有一笔5万元捐赠，但是刘虎已经不记得，也查不到。上述捐赠资金在镇财管所的账户上，也只能查询到23万元和50万元两笔。给村集体的实物捐赠包括5台电脑和2000册图书。给村内个人的捐赠包括逢年过节的困难户慰问金和慰问品，折合10万元；刘虎还以个人名义，资助2名大学生，折合金额1.5万元。另外刘虎还有每年5000元的办公经费，2017年增加为每年1万元，合计2万元，主要用于选派干部必要的日常办公用品的购置，报刊订阅、文印、公务邮寄，以及统一组织或经批准的会议培训、学习考察差旅费等方面，其中的一部分也用于村内发展。

总的来看，驻村帮扶单位的帮扶资金，除了个人慰问、教育捐助以及办公经费外，大部分用于道路建设、产业发展（包括生产道路以及土地流转）、发展教育以及改善办公条件等四个方面。

（二）其他社会帮扶资金

根据"选派干部工作实绩表"和"选派帮扶干部第三年度暨任期工作情况统计表"，永顺村获得的其他社会捐助资金折合 145 万元。其中，古井集团捐赠 98 万元，启明公益基金会分两笔共计捐赠 40 万元，博爱公益基金会捐赠折合 7 万元。未列入的还有安徽广播电视台捐赠的价值 2 万元的物资，包括 100 个小药箱和部分书包文具。这些捐赠的获取都有驻村干部或者驻村帮扶单位争取、协调的贡献；而其中古井集团的 98 万元则不完全如此，因为永顺村曾经是亳州市委书记的联系点，古井集团作为亳州市骨干企业，其捐赠行为很难说不存在市领导的影响力。其他社会帮扶资金也是主要用于道路建设、产业发展（部分还用于光伏电站建设）以及发展教育方面，与公安厅扶持资金用途一致。

三　金融资金

目前永顺村扶贫和发展事业中使用的金融资金还不是

很多，最主要的是三期的光伏电站项目中都使用了贷款。截至2017年底，永顺村金融扶贫贷款金额累计约440万元，不包括新村建设贷款，可分为三种类型（见表4-3）。

（1）户贷户用的小额贷款，数量较少，仅4户，贷款金额17万元，户均4.25万元。

（2）户贷企用企还的小额贷款，承接贷款的企业只有1家，即百川农业，参与农户12家，贷款金额60万元。此笔贷款操作发生于2016年。基本模式是银行同时对企业和贫困户进行评级授信，贫困户为承贷主体，企业提供担保，贫困户贷款后转给企业使用，企业享受利息补贴，但是为贷款户提供保底红利，标准为年利率7%，即每5万元贷款应分红利3500元。永顺村经过评级程序，共有50多户贫困户符合贷款条件。百川农业公司共有100万元贷款需求，折合需20个贫困户参与。基于宣传和自愿原则，13户参与项目，其中1户退出，共实现12户、60万元贷款。2016年12月底，企业提前发放了2017年第一季度红利每户1000元。随后均按季度分批发放。

（3）光伏电站建设贷款，三期电站均有贷款，贷款主体要么是县城投公司，要么是贫困户，但是大部分资金的还款主体是县城投公司。第一期村集体光伏电站贷款14万元，由县城投公司承贷，其他31万元通过多种方式承担。第二期分户联建电站由财政资金承担76万元，贷款36.5万元，其中县城投公司和贫困户分别贷款21.5万元和15万元，50个贫困户各实际承贷3000元。第三期全镇统一的村级电站建设，由镇政府统一组织各村贫困户参与贷款投资，永顺村共计 28 户参与，累计贷款 140 万元，虚拟记账，并未到户；另由县城投公司承贷 172.224 万元。

表4-3 2017年永顺金融扶贫贷款情况

贷款项目	贷款主体	主体数量（户）	贷款金额（万元）	备注
户贷自用	农户	4	17	
户贷企用	农户	12	60	贫困户享受 7% 固定分红
光伏一期	县城投公司	1	14	其他 31 万元由多种途径解决
光伏二期	县城投公司、农户	1+50	36.5	城投 21.5 万元；户贷 15 万元，每户 3000 元，实际到户
光伏三期	县城投公司、农户	1+28	312.224	城投 172.224 万元，户贷 140 万元，每户 5 万元，虚拟未到户
合计		97	439.724	

资料来源：与村会计（李香民）座谈；县扶贫局。

第五章

精准扶贫措施

本章重点概括和分析永顺村各类精准扶贫项目措施的具体实施情况。我们大体上按照所谓"五个一批"脱贫路径，将可以明确到村到户的精准帮扶措施分为六大类，分别是产业扶贫、就业扶贫、健康扶贫、教育扶贫、住房安全、兜底保障。对每类措施或每个项目的概括和分析，大体上包括项目内容、产业类型、推动主体和经营主体、资金来源和投入机制、带动贫困户机制和效果、镇和村作用等方面。对35户抽样调查建档立卡贫困户问卷的统计分析显示，2015~2016年，享受各类到户帮扶措施的建档立卡贫困户的数量别是：发展生产3户（8.57%）；技能培训2户（5.71%）；小额贷款1户（2.86%）；危房改造4户（11.43%）；教育补助和健康扶贫各1户（2.86%）；低保、五保、残疾人救助等社会保障措施13户（37.14%）；

带动就业、易地搬迁、到户农业基础设施建设均为 0 户。从本章下面将要分析的情况可见，2016 年以前除了社会保障以外的各类精准扶贫措施比较少，2017 年以来才大大增加。

第一节　产业扶贫

凡是由产业发展而带动贫困户增收脱贫的，均可称为产业扶贫，尤其是为扶贫目的而发展产业的行为。因此在实践中，产业扶贫既包括为扶贫目的的产业促进行为，也包括在已有的产业中添加扶贫功能，尤其是将新型经营主体纳入扶贫范畴中。这两种情况在永顺村均存在，但无论是哪种情况，都需考察其对贫困户的带动情况。产业扶贫是永顺村脱贫攻坚的重头戏。自从开展精准扶贫、驻村帮扶以来，永顺村实施的产业扶贫措施大体上有：光伏扶贫；以培育新型经营主体方式发展带动脱贫致富的特色种养业扶贫；建设扶贫产业园区；林业扶贫，也包括针对家庭经营主体的产业发展奖补政策。本节分别陈述这些扶贫措施的做法和效果。金融扶贫也是产业扶贫的重要内容。但是由于第四章已经在扶贫项目和资金角度说清楚了永顺村金融扶贫实施情况，这里不再重复。

一　光伏扶贫

光伏扶贫的机制是利用建成的光伏电站的发电收入为贫困户和村集体增加收入。利辛县是安徽省最早的光伏扶贫试点县之一，永顺村是县里第一批实施光伏项目的村，光伏项目差不多也是永顺村最早的产业类或增收类扶贫项目。

2015年，利辛县被列为全国光伏扶贫试点县，是光伏扶贫大县。按规划，到2017年底，全县光伏扶贫电站建设总规模达202.6兆瓦。2015年建设规模18.3兆瓦，2016年建设规模97.53兆瓦，均已并网发挥效益；2017年实施86.12兆瓦，6月底前全部并网发电。利辛县利用境内茨淮新河堆土区的土地资源优势，总体上采取"多元投资、虚拟到户、集中建设、统一结算、折股量化、保底分红"的模式。经过调整，利辛县不再采取分散建设方式，集中建设也包括大集中和小集中两种类型。大集中是指，在阚疃镇建成由175个村联建的32.76兆瓦光伏电站，项目占地670亩，虚拟对应于7480户贫困户和46个重点贫困村。小集中则是指在贫困村集中建设虚拟到村到户的光伏电站。永顺村的光伏扶贫项目起步早，属于利辛县的首批光伏扶贫建设村，共分为三期建设，建成5座"小集中"式光伏电站，分别采取三种不同的投资、建设和分配模式。

（一）村级集体光伏电站

永顺村集体光伏电站是第一期项目，2015年建设，当年 12 月完工和并网发电。电站位于老家庄原村部后面，占地 3 亩，装机容量为 60kW。项目资料显示，电站总投资 45 万元，其中，县级扶贫资金 21 万元，市财政补贴 4 万元，选派干部专项资金 6 万元，贷款 14 万元。贷款的承贷主体和还贷主体均为县城投公司。[①] 集体电站收益 2016 年为 6.2 万元，2017 年为 7 万元，均归村集体所有和支配，用于村内建设和公益事业。2018 年起，考虑到部分贫困户收入不稳定，2018 年收入达标困难，[②] 永顺村计划将村集体光伏电站的部分收益分配给这些困难户，确保他们不返贫或顺利脱贫。

（二）分布式户用光伏电站

永顺村第二期建设的光伏项目是一座由 50 户联建的分布式光伏电站，位于吕寨庄，占地 3.5 亩左右，装机容量为 150kW，由 50 个 3 千瓦的户式光伏电站组成，每户一表。电站建设成本为 2.25 万元 / 户，总投入合计 112.5 万元。每户的投资来源包括：扶贫专项资金补助 8000 元、市财政补助 2000 元、县财政补助 5200 元、农户出资 3000 元（贷款）、从县农商银行贷款 4300 元（贷款主体也是县城投公司）。因为这期光伏电站各户有实际出资，所以其产权属于各户，收益各个小型电站独立核算，直接到户。2016 年，全站收益约 7 万元，分别打入这 50 户小康卡中，具体金额

---

① 笔者最初以为村集体是贷款主体，于是向村书记求证。他表示，并不了解这笔贷款情况，他只知道自己没有签字贷款，所以无须村集体还款。
② 例如有个五口之家，两个大人都有残疾，3 个孩子上学，家庭条件很差。

1380 元/户。2017 年收益各户不同，存在部分户发电量偏低和收入偏少问题，多的达到 4000 元，少的只有 1000 多元。2018 年，据了解，利辛县计划将贫困户出资的 15 万元退还，从而将其变更为与其他电站相同的集体所有性质。

（三）村级虚拟光伏电站

第三期光伏电站由县里统一投资建设，永兴镇共计 28 座，其中永顺村 3 座，[①] 分别位于九庄、化庄、兰灯庄，装机容量均为 187.2kW。其中，兰灯庄 2016 年底建成并网，九庄和化庄 2017 年建成并网。村集体不用出资建设，但是需要支付土地租金，每年 2 万多元。按照当前的制度规定，虚拟光伏电站收入需要全部发放到贫困户。目前已经两次发放村级虚拟电站到户收入（见表 5-1）。2017 年 1~2 月和 2017 年 9 月，全村共发放户数 156 户，发放金额 40.95 万元；每户两次共计 2625 元，为 9 个月的收入，全年可折合 3500 元/户。2018 年每季度打卡一次。对于发放对象的确定，村书记说，并不是固定的，而是选择发给那些享受其他政策较少、收入偏低的贫困户。发放名单由村里研究确定，提交给电力公司，打卡发放。过去一年多以来，发放对象基本稳定。2019 年，如果"六员"公益岗位工资改由村集体发放，那么这些虚拟电站的收益也可能会改为归村集体支配，从中支付公益岗位工资。

---

① 程湖 2 座、大门 3 座、解集 3 座、永兴 3 座、永顺 3 座、双龙 2 座、法堂 2 座、诸王 2 座、谭铺 2 座、徐营 2 座、徐寨 2 座、永安 2 座。

表 5-1　2017 年永顺村及永兴镇村级虚拟电站收入发放贫困户情况

单位：户，元

区域	时间	类型	户数	金额	户均
永兴镇	2017 年 1~9 月	村级	1344	3538328.92	2632.69
永顺村	2017 年 1~2 月	村级	56	33488.08	598.00
	2017 年 9 月	村级	156	376011.92	2410.33
	合计	—	156	409500	2625

资料来源：由永兴镇政府提供。

二　新型经营主体培育和带动扶贫

培育新型经营主体有利于促进村内农业经营方式转型，推动农业现代化和农业经济发展。新型经营主体如果与贫困户建立联系，便具有减贫作用。一方面是把贫困户直接培养成新型经营主体，另一方面是以合作、入股、土地流转、就业等方式带动贫困户。其最终效果应是看带动贫困户增收情况，而不是只看新型经营主体自身发展情况。

在村级层面上，永顺村先是直接为已有的或潜在的新型经营主体提供生产性基础设施，后是规划和建设扶贫产业基地，以此作为主要抓手来推动扶贫产业的发展，进而发挥对贫困户的带动作用。也就是说，永顺村的扶贫产业，既分散在全村各处，也有部分集中在扶贫产业基地。对于扶贫产业基地建设，永顺村曾归纳为：通过"党总支部＋合作社＋基地＋农户"的模式，以强英鸭业为平台，规划建设千亩扶贫产业基地，建设 50 亩扶贫果蔬大棚，建成"肉鸭＋有机果蔬"综合循环示范小区。逐步形成以村党组织牵头、龙头企业带动、扶贫资金参股、金融资金扶持、贫困劳动力分红等产业扶贫模式。[①]

据不完全统计，目前永顺村注册有 3 家农业企业、5个专业合作社和 8 个家庭农场，还有 1 个名为"天外天种植养殖基地"的个人独资企业，合计 17 个（见表 5-2）。其中，敏之行种植专业合作社与芯妍家庭农场是由同一个家庭的成员注册，事实上是一家。此外村里还有若干未注册的专业大户，例如村总支书记及其儿子两家共同经营着 200 多亩大田粮食，其中一部分属于村集体为流转集中连片土地而连带承包的分散土地。在 2016 年调查时，村里的各类新型经营主体还只有 9 个，而前几年村里除了一个农机合作社更是一无所有。可见最近两三年村里的农业生产确实发生了很大的变化，最新的一个实体是在 2018 年 7 月底注册的。这些新型经营主体的实际经营方式与其注册类型并非完全一致。有的家庭农场实际上是公司经营，例如信达家庭农场；有的公司却只是家庭农场，例如华新农业公司；所谓的种植养殖基地也是家庭农场。这些新型农业经营主体通过流转土地、托管土地、吸收入股等方式与贫困户建立利益联结机制。此外，一些贫困户通过在这些企业和农场务工获取工资性收入，接受技能培训，以及通过扶贫小额贴息贷款等间接方式脱贫致富。

---

① 引自刘虎提供的 2017 年"永顺村调研报告"。

表 5-2　永顺村注册的新型农业经营主体

类别	名称
农业企业	利辛县百川农业开发有限公司、利辛县华新农业发展有限公司、月新农业发展有限公司
专业合作社	吕集长丰农机专业合作社、月新种植业合作社、兰辉种植专业合作社、兰刚种植专业合作社、敏之行种植专业合作社
家庭农场	康乐家庭农场、长亮家庭农场、醉香园家庭农场、诚丰家庭农场、芯妍家庭农场、永兴现代农业种植家庭农场、信达家庭农场、少有家庭农场
个人独资企业	天外天种植养殖基地

资料来源：村内访谈以及国家企业信用信息公示系统（安徽）查询。

2017 年 2 月，课题组成员对 5 家新型农业经营主体进行实地调研访谈，分别是：吕集长丰农机专业合作社（利辛县百川农业开发有限公司，采取公司加合作社一体化经营方式）、康乐家庭农场、长亮家庭农场、醉香园家庭农场和兰辉种植专业合作社。2017 年 8 月，课题组成员对兰辉种植专业合作社之外的 4 家主体进行回访。2018 年 7 月，课题组成员再次通过实地调研或电话访谈、间接咨询等方式对其中 10 家左右主体情况进行了解。目前，大部分主体经营良好，或者正常开展经营。经营良好的主体主要有利辛县百川农业开发有限公司、吕集长丰农机专业合作社、利辛县华新农业发展有限公司、兰刚种植专业合作社、康乐家庭农场、醉香园家庭农场、信达家庭农场等。其他主体的经营状况大体上一般。

但是也有不少主体经营困难、未开展经营或退出经营。据不完全统计，永兴现代农业种植家庭农场、芯妍家庭农场和敏之行种植专业合作社作为外来投资，由于经营不善或遇到困难而退出了在永顺村的经营。兰辉种植专业合作社由于经营不善而停止经营。兰冬青在经营蔬菜大棚时由于自然灾害而受到损失。诚丰家庭农场注册后未开展经营。月新种植业合作社作为代表村集体注册的合作社，实际上从未投入实际经营，所有以村集体名义开展的土地流转都还是以村委会名义签署协议。

2016年永顺村部分新型农业经营主体带动贫困户具体情况如表5-3所示。可见，所有的调查主体都采取土地入股和吸收务工两种方式带动贫困户，只有利辛县百川农业开发有限公司利用了12户60万元的小额扶贫贷款。调查的4家主体在2016年一共带动47户贫困户，土地入股151亩，带动贫困劳动力务工18人，实现土地入股分红8.4万元，发放贫困劳动力务工工资7.2万元。[①] 流转土地的租金一般为集中连片土地每亩800元，零散的或较差的土地每亩400~700元。务工工资一般为每天50元左右或6元/小时，全年务工收入为2000~6000元。2018年7月调查时的雇工方式和工资水平也大抵如此，不过新建立的信达家庭农场的雇工工资达到80元/天。农场主兰刚表示，虽然工资水平看上去不高，但是不少来上班的都是老年人，其实干不了什么农活，主要求得关系和谐。永顺村的这些企业雇工，并没有刻意区分是不是建档立卡贫困户，只是在调查员问到时才会想到。从部分企业反映的情况看，雇工中来自建档立卡贫困户的比例有高有低，总体上比较低，大约25%的样子。雇工工资在贫困户和非贫困户之间一般也没有差别，如果有差别也主要是岗位的差别。

---

① 2018年村扶贫项目清单显示，新型经营主体将带动土地流转191亩，吸纳就业26人，合计带动贫困户79户，与2016年差别不大。

表 5-3　2016 年永顺村部分新型农业经营主体带动贫困户情况

名称	品种	规模（亩）	带动户数（户）	土地流转（亩）	土地租金（万元）	务工（人）	务工工资（万元）	带资入股（万元）	入股分红（万元）
利辛县百川农业开发有限公司	小麦玉米	650	35	96	4.8	6	2.4	60	8.4
	泥鳅（万尾）	450							
康乐家庭家场	葡萄	80	5	26	0.5	5	2	—	—
长亮家庭家场	葡萄	30	2	8	0.2	2	0.8		
醉香园家庭农场	葡萄、黄桃	150	5	21	0.4	5	2	—	—
合计	—	—	47	151	5.9	18	7.2	60	8.4

资料来源：根据实地访谈资料整理。

三　肉鸭养殖产业扶贫

安徽强英鸭业集团有限公司创建于 2007 年，是国家级农业产业化龙头企业，是鸭产业"一条龙"全产业链集团企业。公司在肉鸭养殖环节，推出"公司 + 政府 + 集体 + 养殖户"的产业化扶贫新模式，其要点是：投资环节，由贴息小额贷款、企业协调贷款、农户自筹资金构成；生产环节，由公司免费提供鸭苗、饲料、疫苗、管理和技术服务；销售环节，成品鸭子回收，每只鸭子保底收益 2 元钱。肉鸭养殖扶贫具体又分为两种方式，一种是直接带动贫困户发展肉鸭养殖；另一种是多方出资建设立体智能笼养大棚，其中财政入股部分享受分红收益。

安徽强英鸭业集团有限公司在利辛县建立利辛强英食品有限公司，与利辛县政府签订合作协议，在全县 90 个贫困村各建 1 个肉鸭养殖小区，包括两座标准化立体智能笼养大棚。每个立体大棚加养殖小区需投资约 86 万元，其中县财政整合扶贫资金入股 20 万元，养殖户自筹 20 万元，剩下 46 万元由企业以设备贷款方式提供。县财政的 20 万元投资需要还本付息，本金由利辛强英食品有限公司在收购肉鸭时从货款中代扣，利息由经营者支付给村集体，每个小区年分红收益为 3 万元，相当于投资分红率达到 15%。

2017 年以来，永顺村共建立了两个强英肉鸭大棚项目，都在扶贫产业园内，而且距离不远。一个项目是扶贫性的，即按照上述多方出资、承包人经营和还款的方式，建设 2 个标准化立体笼养大棚，承包人出资 20 万元。2017 年 8 月调研时，主体结构已经完工，但是当时看到地面、附属设施等建筑质量均有问题，后来在县主管部门的监督下进行了整改。这两个棚 2017 年 12 月完工投产，承包人是永顺村的村民董少有。大半年以来，由于永顺村先后不幸遭受了雪灾和风灾，设施遭到毁坏，损失 10 万元左右；到目前为止，实际出栏了 5 批，每批 2.4 万只左右。2018 年 7 月调研时鸭棚处于停产状态，8 月底已经恢复生产。

另一个项目是投资性质的，由一位山东老板前来投资，注册了一个信达家庭农场，建立了 7 个标准化大棚，占地面积 40 亩。这 7 个棚由于建设时间比较晚，而且也遭受了风灾，目前有 5 个棚还没有开始生产，有 2 个棚已经各出栏了 2 批。信达家庭农场实际上采取公司经营方式，投资者是与利辛强英食品有限公司有合作的设施制造商，投资目的既为了发展生产，也为了试验改进设备设施和饲养方法。这个小区配置了干湿分离鸭粪发酵处理场地和设施，发酵后的鸭粪可以作为生物肥料供应周边农户，信达家庭农场自身也将在鸭棚周边租下 20 亩耕地试验鸭粪使用技术。信达家庭农场项目对永顺村的扶贫贡献主要在于租地和用工，也没有刻意区分贫困户和非贫困户。

四 林业扶贫

根据 2017 年 8 月印发的《利辛县林业产业扶贫工程实施方案》，利辛县将培植以苗木花卉为主的特色林业产业，总计划规模 16.7 万亩，原则上 1 人 1 亩，通过种植、就业、分红和直接帮扶等方式，实现贫困人口年均最低增收 500 元以上、多年收益的目标。市、县财政补贴贫困户用于发展林业产业的承包地租金每年每亩 1000 元，连补 10 年；加强信贷支持，贫困户发展林业产业的小额贷款，财政给予 3 年贴息。政府投入实施的造林绿化项目，优先采购贫困户培育的苗木。企业投入实施的绿化项目，采购贫困户培育苗木的，金融机构给予信贷支持。对于林业扶贫的经营模式，利辛县原计划主要采取自主经营、合作经营、规模经营方式。为了进行规模经营，就需要采取土地流转方式。但是，这种思路被市里否定了，要求尽可能地将苗木种在贫困户自己的土地上。这样的话，虽然贫困户的苗木权益更有保障，但是分散种植会给周围农地带来遮阴、吸取地力等不良影响。

根据要求，永顺村林业扶贫项目计划实施 555 亩，覆盖所有贫困户。项目补助资金规模 77.15 万元，其中市级财政资金 27.75 万元，县级财政资金 44.4 万元。贫困户每发展一亩苗木，补助 1300 元。苗木种植后的第一年由苗木公司代为管理。一年以后，由农户自行管理，政府给予每亩每年 200 元的管理费补助。根据"一村一品"要求，永顺村种植的品种是"女贞"。据调研，2017 年上半年，永顺村实际完成 110 户、216.9 亩苗木种植任务，其中约 90 户、136 亩为实际到户种植，40 亩左右系在村集体流转的机动地上种植，40 亩左右利用了扶贫产业基地内王伟等人退出的黄桃园的土地。2018 年秋季，玉米收割后，可实现扶贫苗木种植全覆盖。

五 补助贫困户发展特色种养业

发展生产脱贫在逻辑上必然包含着贫困户发展自主经营实现脱贫这条路径，这是贫困户发育内生能力并实现直接脱贫的一种方式，但是也往往受到贫困户能力或动力不足的质疑。这部分专门考察永顺村以普通贫困户为补助对象的特色产业扶贫项目实施情况。安徽省政府推出"特色种养业扶贫工程"，提出"四带一自"模式，"一自"即为贫困户自种自养。安徽省农委和省林业厅制定了《特色种养业扶贫对象产业发展标准》，县政府出台了《利辛县特色种养业扶贫工程实施方案》(利政办秘〔2017〕24号），对建档立卡贫困户从事"特色种养业"生产且达到相应规模的，便可给予相应的财政补助。户层面的产业规模要求是比较低的，例如蔬菜大棚和露地蔬菜分别为每户1亩和2亩，养殖肉羊为每户4只以上等。2018年，县政府出台了《利辛县2018年特色种养业扶贫工作实施方案》(利政办〔2018〕14号)，将上述补助条件进一步调低，蔬菜大棚和露地蔬菜均为0.5亩，养羊为3只，生猪养殖也被纳入了补贴。

2016年，永顺村产业扶贫主要品种为油菜、芝麻、羊、猪等。根据镇财管所提供的一份材料，2016年，永顺村共有64个贫困户领取了产业发展补助资金，合计9.65万元，户均1057元，最高3000元，最低900元。①

2017年上半年，永顺村种养业产业扶贫项目共覆盖48户，共投资40.75万元，其中农户自投共26.2万元，财政补助资金共14.55万元，财政资金补助比重35.71%。种植业主要品种为马铃薯、蔬菜、油菜，共45.6亩，农户自投资金11.04万元，财政补助资金4.26万元；养殖业主要品种为猪、牛、羊、鸡，共416头（只），农户自投资金13.96万元，财政补助资金9.61万元；林果主要品种为桂花树、桃树、梨树，共6亩，农户自投资金1.2万元，财政补助资金6800元。户均补助3031.25元（见表5-4）。

---

① 永兴镇财管所2018年7月提供的资料。

表5-4 2017年永顺村农户特色种养业扶贫补助情况

产业	品种	数量	农户自投资金 （元）	财政补助资金 （元）	平均补助标准
种植	马铃薯	3.6亩	3000	3600	1000元/亩
	蔬菜	26亩	94000	26000	1000元/亩
	油菜	16亩	13400	13000	812.5元/亩
	小计	45.6亩	110400	42600	
养殖	猪	53头	39300	14000	264元/头
	羊	262只	94800	78600	300元/只
	鸡	100只	400	500	5元/只
	牛	1头	5100	3000	3000元/头
	小计	416头（只）	139600	96100	
林果	桂花树	2亩	4000	2000	1000元/亩
	桃树	2亩	4000	2400	1200元/亩
	梨树	2亩	4000	2400	1200元/亩
	小计	6亩	12000	6800	
	总计	—	262000	145500	

资料来源：由永顺村提供。

2018年，根据永顺村扶贫项目清单，到户产业扶贫项目，除了林业项目外，主要是种植业的蔬菜和养殖业的牛、羊、鸡，合计参与户数23户，到户补助金额4.02万元。如果按照县里规定的补助标准，那么当前的生产发展数量对应的补助金额应该大于上述数目才对（见表5-5）。但是不管怎样，可以看出的一个变化是，从2016年到2018年，参与到户产业扶贫补助项目的贫困户数量逐年减少，以全村334户贫困户计算，参与到户扶贫项目补助的比例还不到7%。

表 5-5　2018 年永顺村到户产业扶贫补助项目计划

产品	户数（户）	规模	补助标准	应补金额（元）
露地蔬菜	2	4 亩	大于 0.5 亩，1000 元 / 亩	4000
牛	1	1 头	大于 1 头，3000 元 / 头	3000
羊	19	109 只	大于 3 只，400 元 / 只	43600
鸡	1	100 只	大于 50 只，10 元 / 只	5000
合计	23	-	-	55600

资料来源：根据永顺村扶贫项目清单以及《利辛县特色种养业扶贫工程政策汇编》整理。

第二节　就业扶贫

根据 2016 年 6 月出台的《利辛县就业脱贫工程实施方案》，就业扶贫措施包括产业发展、技能培训、劳务对接、公益岗位开发等。在属性归类上，发展产业带动贫困户就业，既属于产业扶贫，也属于就业扶贫。上一节已经叙述了永顺村新型经营主体发展带动贫困劳动力就业的情况，这里不再重复。此外的就业扶贫措施包括职业技能培训、职业介绍和就业服务、公益岗位开发等，永顺村以公益岗位开发为特色。

一　公益岗位开发

永顺村贫困户公益岗位开发是从 2016 年 2 月开始

的。最初只有护林员，而且只有 3 个名额，到 2016 年 12 月才增加 4 人。2016 年 12 月，村内增加了保洁员、村道护路员和监护员（监护分散供养五保老人和留守儿童），变为"四员"。2017 年 3 月，增设光伏看护员和水域看护员，变为"六员"，全村公益岗位数量增加到 56 个。

　　2017 年 4 月，由于公益岗位就业有年龄不超过 70 岁的限制，一下子调减了 27 人，减少的人员工资只发到 2017 年 3 月。最终，永兴镇分配 2017 年永顺村"六员"名额共计 36 个。护林员自开始设置时发工资，其他岗位从 2017 年 3 月开始发工资。2017 年，保洁员工资为每月 500 元，其他岗位为每月 600 元。2018 年，保洁员工资提高到 600 元，护林员工资降低到 500 元。2017 年底，公益岗位数量没有变化，但是在不同岗位之间有调整。2018 年，由于名额限制，永顺村"六员"公益岗位减少到 30 个（见表 5-6）。从 36 个岗位到 30 个岗位的变化中，有 23 人维持在岗，有 13 人离岗，有 7 人为新上岗。

　　"六员"人员的选择主要根据贫困户自身特征及家庭环境，形成拟参加岗位人员名单，提请村民代表会议通过。一般情况下，优先选择有一定劳动能力、家庭条件困难且没有享受光伏扶贫等其他政策的贫困户。更加困难的贫困户，可以在享受了光伏扶贫等政策基础上，再享受"六员"就业政策。

表 5-6　2017~2018 年永顺村"六员"公益岗位情况

单位：个

岗位名称	启动时间	2017 年 4 月岗位数	2017 年底岗位数	2018 年 5 月岗位数
生态护林员	2016 年 2 月	10	3	1
保洁员	2016 年 12 月	7	15	13
村道护路员	2016 年 12 月	2	2	1
监护员	2016 年 12 月	2	2	2
光伏看护员	2017 年 3 月	4	5	4
沟塘看护员	2017 年 3 月	11	9	9
合计	—	36	36	30

资料来源：根据永顺村提供的数据整理。

二　技能培训和就业促进

贫困户技能培训政策要让有培训意愿的贫困劳动者至少掌握 1 项就业技能，实现贫困劳动者"培训一人、就业一人、脱贫一户"。2017 年，永顺村参加农机技术培训、新型职业农民培训、种养业技术培训共 20 人左右，在 2017 年 12 月举办农村贫困劳动力扶贫政策和实用技术培训，共 2 人参加。村干部表示，就目前而言，技能培训对就业基本上没有促进作用。

在"六员一工"就业扶贫政策中，"一工"是指企业用工，即对于雇用贫困劳动力采取工资保底和企业补助形式予以促进。贫困劳动力工资在"同工同酬"基础上，在乡镇企业就业的每月按 1200 元保底，在县城企业就业的每月按 1500 元保底。对吸纳贫困劳动力就业的企业，每人每月补助企业 300 元。建立了亳州市范围内的跨区县劳务对接机制，也就是劳务协作机制。对于贫困劳动力在本地农场、合作社务工的，据说也有对雇主的奖补政策，即雇用贫困劳动力年工资超过 4000 元的，奖励 1000 元。但是根据调查，农场主表示此项奖励政策并未兑现，村"两委"干部对上述就业扶贫政策也都不知情。

2017 年 7 月以来，安徽省在全省范围内推进就业扶贫驿站建设，助力产业脱贫。就业扶贫驿站是扶贫车间的扩展版，是在贫困人口集中且有一定产业基础的农村社区建设的就业服务设施，包括就业扶贫车间、电商服务中心、公共就业服务中心三大板块，同时促进就业和产品销售。根据计划，永顺村在 2018 年要利用 40 万元财政补助资金，在新村部附近建设一座占地约 1000 平方米的就业扶贫驿站。目前已有几家劳动密集型企业有入驻意愿。据估计，就业扶贫驿站建成后可以带动 20 位贫困劳动力就业。

第三节　健康扶贫

一　贫困人口健康状况

本报告在分析建档立卡人口特征时，已经比较了动态调整前后贫困人口健康状况信息的变化。最明显的是，患慢性病和残疾人数基本未变，患大病人数大幅度减少，健康人数大幅度增加。2017年8月，永兴镇曾对当时全部建档立卡贫困人口进行健康体检，结果显示，永顺村的514位贫困人口中，非健康人口比例下降为37%左右，低于对于患病人口比例的一般判断。非健康人口中，占比最大的是长期慢性病患者，比重高达76.56%，其中高血压54人、冠心病30人、脑梗死18人、糖尿病16人等。其次是残疾人，共计33人，比重为17.19%。大病患者10人，在全部贫困人口中的比重为1.94%，在不健康人口中的比重也仅为5.61%，均为各类恶性肿瘤，如胃癌、脑瘤等（见表5-7）。

表5-7　2017年7月永顺村贫困人口健康体检结果统计

单位：人，%

类别	人数	比重1	比重2
健康	323	62.72	—
非健康	191	37.28	—
长期慢性病	147	28.54	76.56
大病	10	1.94	5.61
残疾	33	6.41	17.19
缺失	12	2.33	6.25
合计	514	100	102.08

注：比重1为所有贫困人口中不同健康状况的比重，比重2为非健康人口中各类非健康状况占非健康人口的比例，由于部分人口身患多种疾病，所以比例加总大于100%。

资料来源：永兴镇卫生院。

二　健康扶贫措施及落实情况

利辛县的健康扶贫政策在安徽省一直走在前列。2016年，利辛县率先探索实施了"三免、两付、一提高、一兜底"贫困人口医疗救助政策，即免除贫困户住院补偿起付线、免除大病保险起付线、免除参加新农合费用120元，贫困人口县内住院医院全额垫付医药费、申请转出县外住院新农合预付医药费，将普通慢性病补偿标准由60%提高到80%，开展贫困人口医疗兜底报销。2016年县财政投入资金6021.2万元，其中用于免缴参合金2052万元，住院免起付线1252.12万元，慢性病提升比例89万元，大病保险免起付线及财政兜底补偿2628.08万元。同时，列支专项经费585万元为贫困户代缴签约乡村医生服务费，共签约贫困人口12.76万人，签约率93.61%。建立县域内先诊疗后付费结算机制。县扶贫办、民政局数据和新农合、大病保险系统数据实时对接，实现贫困人口新农合结报时系统自动处理。完善新农合结算系统，在全省定点医疗机构实现了新农合、大病保险、医疗救助和财政兜底"一站式"服务。建立和完善贫困人口补偿、垫付、预拨按月结算和资金支付机制，调动医疗机构的积极性，降低商业保险公司的运行风险。

2017年以来，利辛县在省级健康扶贫政策框架下，实施完善了"三保障、一兜底、一补充"健康扶贫政策，"三保障"即贫困人口因病住院同时享受新农合、大病保险、民政医疗救助三重保障；"一兜底"指住院报销"351"封顶政策；"一补充"指普通慢性病门诊医疗费用在按慢性病门诊（比例是75%）正常报销后，对剩余的合规费用再按80%的比例进行补充报销，即"180"政策。政策适用对象为 2016 年及以后脱贫的建档立卡贫困人口。一段时间里，利辛县不仅扩大了慢性病救治适用病种范围，[①] 还对特殊慢性病门诊医药费用合规费用实施全额兜底报销，导致贫困人口大量涌入医院，人满为患，后来不得不退回为"180"报销政策。

结合对村卫生室和镇卫生院的调研，永顺村实施的健康扶贫政策措施包括如下几个方面。

（1）财政代缴贫困人口参加新农合费用的个人承担部分，100% 覆盖。

（2）贫困人口家庭医生签约服务，并实行家庭医生免费派送（药品）服务，100% 覆盖。

（3）村卫生室标准化建设。

（4）贫困人口享受住院报销政策和慢性病门诊费用报销政策。

三　村民健康和医疗情况实证分析

在抽样调查的 69 个家庭中，共报告 57 人身体不健康，户均 0.83 人。其中，家庭成员身体均健康的 28 户，家中有 1 人身体不健康的 23 户，家中有 2 人和 3 人身体不健康的分别有 17 户和 1 户。贫困户和非贫困户的户均不健康人口分别为 1.26 人和 0.47 人，而两类住户的户均人口分别为 2.31 人和 3.68 人，因此贫困户人口中不健康人口比例是非

---

① 新增常见特殊慢性病 7 种：晚期血吸虫病、原发性血小板减少性紫癜、硬皮病、白癜风、银屑病、艾滋病机会感染、白塞氏病。

贫困户的 4.2 倍。从行走能力、照顾自己能力、日常活动能力、疼痛感、焦虑压抑五个方面来看，贫困人口的严重程度都要高于非贫困人口。可见健康状况差是贫困户的一个鲜明特征。两类住户除了都有"三高"、关节炎、脑血栓、糖尿病、肢体疼痛等病症外，贫困户的疾病和残疾种类与数量都比非贫困户高很多。统计分析显示，贫困户自行买药或门诊比例与非贫困户差别不大，但是其住院治疗比例远高于非贫困户，高达 42.22%。贫困人口平均治疗费用高达 1.84 万元，而非贫困人口仅为 5454 元。贫困人口治疗平均自付金额为 6750 元，其报销比例为 63.22%；非贫困人口治疗平均自付金额为 4283 元，低于贫困人口，其报销比例只有 21.47%。可见，贫困人口生病治疗费用大大高于非贫困人口，即使在报销比例明显高于非贫困人口的情况下，贫困人口治疗自付费用仍然明显高于非贫困户（见表5-8）。调查数据还显示，非贫困户不存在有病不治的情况，但是贫困户则发生了 7 例，其中 1 例为由于经济困难而未治疗。

表 5-8　贫困人口与非贫困人口生病治疗情况和不健康程度

项目	贫困人口	非贫困人口
自行买药比例（%）	64.44	75.00
门诊比例（%）	24.44	18.75
住院比例（%）	42.22	18.75
平均费用（元）	18350	5454
自付费用（元）	6750	4283
报销比例（%）	63.22	21.47

项目	贫困人口	非贫困人口
行走问题严重程度	2.09	1.31
自我照顾困难程度	1.23	1.13
日常活动困难程度	1.74	1.56
疼痛程度	2.58	2.06
焦虑压抑程度	2.17	1.63

注：表中所列各种程度，均为5个等级，数字从1到5依次代表问题程度不断加重。所以其均值也代表着严重程度。

资料来源：抽样问卷调查。

案例：高玉良，男，1970年出生，家庭人口6人。其中，4人身体健康，本人患长期慢性病，主要是腰椎间盘突出，2016年治疗费用3000元，全部自费。家中曾有一个孙女，2016年1月出生，5月突发心脏病，曾经到上海、常州治疗，自述累计支出30万元。2017年2月调研时自述，由于发票丢失，政府只给了3000元补助，未能给予报销。2017年4月村干部向课题组反映，已经在利辛县医院新农合报销10.05万元；大病救助正在申报，预计能再报销5万元。

2018年9月，经向镇、村干部了解，高玉良孙女2016年1月出生，5月突发心脏病，先在常州治疗，后转院至上海治疗，住院总费用227966.30元。但是孩子最终治疗无效而亡。由于住院费用过高，高家无力承担，拖欠医院未缴，无法开具发票，也就没法报销。在课题组调研后，县、镇两级政府高度重视，告知了报销政策，帮助其收集、整理报销材料，设法向医院补缴医疗费，随后开展新农合报销。据了解，因为第 1 次报销了 10.05 万元，那么第 2 次应是报销了21279.8 元，合计报销 121779.80 元。接下来，利辛县再给予民政救助、大病保险、财政兜底等措施，对 2017 年 2 月21 日结算单上显示的 106186.50 万元个人自费部分予以全部兜底补偿。

第四节　教育扶贫

永顺村地处偏远，又是人口大村，应当将村内基础教育办好。但是本村距离镇政府所在地 4 公里，交通较为方便，村内只有一所教学点，较多学生在镇上乃至外地上学，学生流动比较多，所以总体上教育情况不是很好。由于村内劳动力外出打工较多，留守儿童比例比较高，人数还要多于贫困儿童。所以，永顺村的教育问题，除了作为扶贫对象的贫困家庭儿童的教育和资助外，主要在于村内教育条件差、外出上学以及教育流动比例高、留守儿童较多等方面。本节分为两个部分，一是描述村内基础教育发展的基本情况，二是概括教育扶贫措施在村内的落实情况。

一 村内基础教育发展情况

（一）义务教育阶段学龄人口就学情况

根据户籍人口登记，2017 年秋季，按照学龄人口[①] 年龄计算，永顺村共有 3~18 周岁学龄人口 1242 人，其中学龄前儿童 258 人，义务教育阶段学龄人口 824 人，高中阶段青少年 160 人。与全村人口男性明显多于女性的情况一致，3~18 周岁学龄人口中男性是女性的 1.25 倍。进一步地，义务教育阶段学龄人口 824 人，其中小学阶段 580 人、初中阶段 244 人。对于本村学龄人口都在哪里上学这个问题，调查颇费了一番周折。镇中心学校以及村小学负责人均无法准确回答；村干部给出了估计，但是偏差较大。最终还是在县教育局的基础数据库查询到了具体的上学分布数据（见表 5-9）。

在入学分布上，小学阶段适龄人口在本镇就读 285 人，到邻近乡镇就读 4 人，因进城购房等原因在城区就读 70 人，随父母务工到外地学校就读 221 人，其中在镇内就读占 49.1%，在县内就读 62%；初中适龄人口在本镇就读 75 人，到其他乡镇就读 5 人，因进城购房等原因在城区就读 95 人，随父母务工到外地学校就读 74 人，其中在镇内就读占 31%，在县内就读 70%。学前教育阶段儿童 63.56% 在本村幼儿园和小学附设的幼教点上学，比较合理；高中阶段孩子上学情况因分普通高中和职业高中，统计较为困难。

---

① 从 1999 年 9 月 1 日到 2014 年 8 月 31 日，学龄 3~18 周岁。

表 5-9　永顺村学龄人口分年龄段规模及其上学情况

单位：人

教育阶段	人数	本村	本镇内	外乡镇	县城	外地
学前教育阶段	258	164	—	—	—	—
小学阶段	580	79	285	4	70	221
初中阶段	244	—	75	5	95	74
高中阶段	160	—	—	—	—	—

资料来源：2017 年村户籍人口名单；县教育局查询结果。本村就读人数来源于村内调查。

（二）村小学办学情况

2017 年 8 月 16 日，课题组对永顺村内的吕集教学点进行调研。吕集教学点原为吕集小学，创建于 1962 年 1 月。2009 年 8 月，随着村庄合并，吕集教学点由原来吕集东校、西校和老家小学三处小学合并而成，占地面积约 10 亩，现有教室 4 栋，建筑面积 968 平方米，绿化面积约 758 平方米。吕集教学点为不完全小学，仅招收一年级至四年级学生以及学前班。2017 年上半年，在校生共计 92 人，其中 13 人为学前教育。学校拥有 9 名专职教师，其中 5 名语文老师，4 名数学老师；老师学历较高，本科学历 5 人，大专学历 3 人，中专学历 1 人；另外以每月 2300 元聘请一位负责学前班的老师。[1]2016 年，学校建成食堂一个，面积 360 平方米，运动场地 1200 平方米（篮球场 1 个，有 60m 的直行跑道），另建有多媒体教室、留守儿童活动室、图书室各 1 个，实现校园网络全覆盖。图书室现有各类图书 564 册，

---

[1]　教师 30 岁以下的没有，30~50 岁的有 7 个，50 岁及以上的有 2 个。

生均 7.1 册，达到义务教育阶段教学点藏书 200 册的基本标准。2014~2016 年每年分别新增图书 50 册、60 册和 70 册，每年新增图书比例均大于 10%。

吕集教学点在校生的一个显著特点是留守儿童比例高（见表 5-10）。2017 年上半年，学校 92 名学生中有 64 名留守儿童，比例高达 70%。与此相对应，学校在关爱留守儿童方面做了大量工作。学校建立了留守儿童关爱体系和相关制度，设立"留守儿童之家"，建立"留守儿童之家"安全制度、关爱留守儿童包保责任制和责任追究制。实施老师与留守学生的结对帮扶和"牵手"活动，开展家访并为留守儿童建立和记录档案。"留守儿童之家"内还设置"心灵小屋"，为学生提供心理咨询和亲情电话。不过，据前任校长吕学彬说，由于现在智能手机已经很普遍，亲情电话已经不怎么使用。①

表 5-10　2014 年 9 月至 2017 年 3 月吕集教学点一至四年级留守儿童情况

单位：人，%

时间	学生总数	留守儿童		双亲生		单亲生		寄养生	
		总数	比例	总数	比例	总数	比例	总数	比例
2014 年 9 月	88	43	48.86	31	72.09	11	25.58	1	2.33
2015 年 3 月	88	39	44.32	30	76.92	8	20.51	1	2.56
2015 年 9 月	83	39	46.99	31	79.49	7	17.95	1	2.56
2016 年 3 月	83	36	43.37	28	77.78	7	19.44	1	2.78
2016 年 9 月	79	38	48.10	29	76.32	8	21.05	1	2.63
2017 年 3 月	79	56	70.89	43	76.79	13	23.21	0	0.00

资料来源：吕集教学点提供。

① 亲情电话对留守儿童没有什么用处，在别的小学调研中也有所反映。

二　学校改造和建设

实施脱贫攻坚以来，通过驻村帮扶以及中心村建设项目，永顺村的教育条件在 2016 年以来发生了较大的改观。目前，村内小学教学点的面貌可以用焕然一新来形容，除了教学和办公的平房还比较旧以外，其他都是新的，设施、设备都比较现代化了。2017 年秋季学期，学校正在筹划将五年级和六年级学生搬回来，变成一个完全小学，届时学校会更有生机。新的公立幼儿园已经建成，与村公共服务中心以及文化广场紧挨在一起，届时也将成为新村的一道亮丽风景。2018 年 9 月，省公安厅捐赠的人工草坪足球场及附属设施已经投入使用。

尽管学校的硬件设施目前已经建设得很好，但是师资仍然存在问题。新接任的吕申校长指出，学校当前存在两个主要问题：一是生源流失严重，永顺村人口约 5300 人，学校实际覆盖人口为 5800 人，但学生只有 80 人，还存在逆淘汰，这从前面的上学地点分布就能明显看出来；二是老师层次有待提高，尤其是音体美专职教师缺乏，全部由语文老师和数学老师代授。下一步学校能否吸引一些外出上学的儿童回村上学，以及现有学生的学业和综合表现能否得到改善，将是观察村内教育条件改善是否发挥实效的重要指标。

三　教育资助

（一）利辛县教育资助政策

2016 年起，利辛县开始实施"寒门圆梦"精准扶贫助学计划。贫困家庭学生在享受国家助学金和省级资助政策的同时，享受从学前到大学全覆盖的"资补兜贴贷"教育助学计划。其中，学前教育阶段，每生每年资助 600 元；义务教育阶段，每生每年补助 800 元，小学和初中阶段的寄宿生还分别发放 1000 元和 1250 元生活费补贴；高中阶段，贫困学生享受 2000 元国家助学金和 4500 元县政府资助，合计标准 6500 元（测算方法：生活费按每生每天 15 元全年 5400 元、住宿费 700 元，教辅及生活用品 400 元，共计 6500 元，减去国家助学金 2000 元，计 4500 元）。中职阶段，贫困学生享受 2000 元国家助学金和 2000 元生活费补贴，合计标准 4000 元；贫困大学生则可享受生源地信用助学贷款。对孤儿、残疾学生及经济困难残疾家庭学生，按照每生每年小学 500 元、初中 800 元、高中 1000 元的标准扶助。此外，职业教育"雨露计划"还可以为贫困职业院校在校学生发放教育补助。

2018 年，利辛县按照市扶贫开发领导小组统一部署，统一标准修订实施了"寒门圆梦"行动计划项目，建立了从学前到高等教育各学段资助体系，含保底、扩面、叠加三个方面。

（1）保底：学前教育阶段每生每年按 800 元的标准

给予资助。义务教育阶段每生每年按 800 元的标准给予补助；免除教辅材料、作业本、寒暑假作业等费用。普通高中教育阶段在免除学费、每生每年享受国家助学金 3000 元基础上，给予每生每年 1000 元就学扶助生活补贴。中职阶段在免除学费、每生每年享受国家助学金 2000 元（前两年）基础上，给予每生每年 1000 元就学扶助生活补贴。高等教育对全日制普通高校在籍在读首次办理生源地信用助学贷款的贫困家庭普通高校在读大学生和大学新生，实施一次性就学扶助，标准为每生 2000 元；为大学新生提供省内高校 500 元、省外高校 1000 元的交通生活补助。

（2）扩面：将城市和农村低保家庭子女纳入享受建档立卡家庭经济困难学生资助范围。在普惠幼儿园就学的建档立卡学生享受国家资助的基础上，将非普惠幼儿园学前教育所有建档立卡学生全部纳入资助范围。

（3）叠加：孤儿、残疾学生及残疾家庭学生，叠加享受每生每年小学 500 元、初中 800 元、高中 1000 元的就学扶助资金；高中阶段每生每年可办理 2000 元财政贴息贷款。

比较可知，最新的贫困生资助计划，降低了高中和中职阶段的资助标准，略微提高了学前教育资助标准并扩大了学前教育资助范围，不再限定于普惠性幼儿园。同时，将城市和农村低保家庭子女都纳入享受建档立卡家庭经济困难学生资助范围（见表 5-11）。

表 5-11　利辛县教育扶贫资助类型和标准

单位：元/年

项目	补助类型	2016 年	2018 年
学前	学前教育资助	600	800
义教	义务教育补助	800	800
	小学寄宿补贴	1000	1000
	初中寄宿补贴	1250	1250
高中	国家助学金	2000	3000
	政府资助	4500	1000
中职	国家助学金	2000	2000
	生活费补贴	2000	1000
	职业教育雨露计划		
大学	生源地信用贷款	据实	据实
	职业教育雨露计划		
	一次性就学扶助	无	2000
	新生交通费补助	无	省内/省外:500/1000
孤残	孤残扶助	小学/初中/高中：500/800/1000	小学/初中/高中：500/800/1000

资料来源：根据有关文件整理。

（二）永顺村贫困生教育资助情况

课题组抽样调查数据显示，35 个贫困户样本中只有 5 户有 3~18 周岁学龄人口，合计 8 人。这些孩子在 2016 年均在校，但是问卷中均显示其在 2016 年收到的教育资助为零。为此我们借助统计数据来了解贫困家庭学龄人口的教育资助情况。永兴镇提供的一份资料显示，2016 年秋季，全镇只有 5 人享受"雨露计划"资助，永顺村为零；2017 年春季，全镇受资助人数增加到 32 人，其中永顺村有 3 人受资助。2017 年秋季，永顺村"雨露计划"

受资助人数增加到 6 人，每人每学期 1500 元，合计 9000 元。另根据永顺村提供的一份名单，2017 年秋季受"雨露计划"资助的学生有 9 名。在永顺村 2018 年度扶贫项目清单中，教育资助分为教育局"寒门圆梦"和扶贫局"雨露计划"两大门类。其中，"寒门圆梦"计划资助从学前教育到高等教育的在校生，合计 64 人；"雨露计划"资助在校贫困大学生和贫困大中专职业教育学生，合计 17 人（见表 5-12）。

表 5-12　2018 年春季永顺村教育资助情况

计划名称	教育阶段	人数（人）	资助标准（元/人）	资助额（元）
寒门圆梦	学前教育	8	800	6400
	义务教育	48	800	38400
	高中教育	4	1000	4000
	高等教育	4	3000	12000
雨露计划	高等教育	4	3000	12000
	中高等职业教育	13	3000	39000

资料来源：根据永顺村 2018 年项目清单整理。

第五节　住房安全

永顺村主要通过危房改造和易地扶贫搬迁两种方式解决贫困户住房安全问题。

一　危房改造

利辛县的危房改造力度非常大。2016 年和 2017 年，全县危房改造数量分别为 2479 户和 13395 户，分别超额完成 65% 和 199%，而且基本上是拆旧重建，极少数为修缮加固。这两年全县危房改造数量相当于建档立卡贫困户数量的 8.9%。永顺村危房改造规模似乎更是超出预期。住户抽样调查数据显示，35 个贫困户样本中有 6 户报告为危房，占比 17.14%，其中 5 户属于未经认定的危房。与此同时，村问卷数据显示，村干部估计全村真正的危房只有 15 户左右。永顺村精准脱贫"四项清单"显示，281 个贫困户中，住房为危房的有 61 户，占比 21.71%。[①]

村问卷数据还显示，2015 年和 2016 年，永顺村危房改造数量分别是 5 户和 41 户。永兴镇政府 2018 年 8 月提供的数据显示，永顺村 2016 年和 2017 年危房改造数量分别为 44 户和 74 户。因此，如果以 2016 年改造 44 户为准，则 2015 年至 2017 年永顺村危房改造数量合计达到 123 户，占建档立卡贫困户的 36.83%，相当于 2016 年"四项清单"数据的 2 倍，更是远远超过村干部估计的危房数量。2018 年，永顺村还有 2 户危房改造任务，累加起来全村危房改造户达到 125 户。永兴镇政府提供的一份数据显示，2017 年永顺村实施了 72 户危房

---

① 镇扶贫干部表示，危房改造信息是真实的，"四项清单"信息很可能有误。

改造，其中已脱贫户达 54 户，含 2 户标准较低的旧房修缮（见表 5-13）。对于这个奇怪的现象，通过更深一步的调查发现其中存在两方面情况：一方面，这些户基本上以前居住在子女、邻居等家中，2017 年因县里有危房改造政策，感觉到与亲属住在一起没有自己单独居住生活方便，便申请了危房改造项目；另一方面，这些户中的一部分其实属于被"回退"的未脱贫户，真正已脱贫户是 33 户。

表 5-13　永顺村 2017 年农村危房改造资金拨付情况

是否脱贫	类型	改造类型	户数（户）	补助标准（元 / 户）	改造后平均面积（m²）
2016 年已脱贫	分散供养五保户	重建	11	25000	50.9
	低保户	重建	1	25000	50.0
	贫困残疾人家庭	重建	10	25000	51.7
	其他贫困户	重建	30	15000	50.8
		修缮	2	6000	50.0
	小计		54	—	51.0
2016 年未脱贫	分散供养五保户	重建	3	25000	53.3
	低保户	重建	7	25000	52.0
	其他贫困户	重建	8	25000	51.5
	小计		18	—	52.0
合计			72	—	51.2

资料来源：永兴镇政府提供。

二 易地搬迁

利辛县是一个平原县，由于"一方水土养不活一方人"或者生态原因、基础设施和基本公共服务成本等因素导致的易地扶贫搬迁需求比较小。"十三五"期间，利辛县计划通过易地扶贫搬迁，完成建档立卡贫困人口 2223 户 5755 人的脱贫任务，仅占建档立卡贫困户的 1.25%。2016 年，全县实施了 637 户 2010 人的易地搬迁工作，同步搬迁 375 户 1578 人。

目前永兴镇共有 3 个易地扶贫搬迁集中安置点，其中，法堂安置点计划 70 亩 500 套安置房（包括新型城镇化和美丽乡村建设安置房）；解甲集安置点 30 亩 1200 套安置房；诸王安置点 25 亩 1400 套安置房。2016 年全镇三个安置点共安置搬迁户 116 户 237 人，无永顺村。2017 年，共安置 304 户 755 人，其中永顺村 12 户 30 人 (见表 5-14)。据镇相关负责人介绍，2017 年安置点用地以 1000 元 / 亩的价格流转 1 年，2018 年将以 38700 元 / 亩的价格征收，由镇政府从土地增减挂钩收益中部分出资。

永顺村的 12 户 30 人易地搬迁户的安置点为法堂安置点。法堂安置点位于法堂村，邻近永兴镇街区，与永顺村之间隔着程湖村。法堂安置点相对其他安置点而言，既是大型易地搬迁安置点，要安置周边 8 个村的搬迁户，也是规划的农村新型社区，还要安置周边居民，所以其规模等于另外两个安置点之和。

通过对法堂安置点的现场考察发现，安置房布局集中、整齐，大部分为两户联建或独户，只有一排集中联建平房，包括一居室和两居室，主要提供给一人户或两人户居住。为搬迁户配置了光伏扶贫、医疗救助、社会兜底后期帮扶措施，但是发展性措施还不是很多。

表5-14　2017年永兴镇易地扶贫搬迁户型统计

单位：户，人

安置点名称	行政村	1人户	2人户	3人户	4人户	5人户	6人户	8人户	合计	
									户数	人数
法堂安置点	大门村	4	5	3	2	0	0	0	14	31
	法堂村	13	28	15	12	4	0	0	72	182
	永安村	3	0	3	3	0	0	0	9	24
	永顺村	1	6	4	0	1	0	0	12	30
	双龙村	0	5	5	4	2	0	0	17	57
	徐营村	0	1	2	2	0	1	0	5	16
	徐寨村	2	3	1	1	1	0	0	8	20
	永兴村	4	6	2	4	3	0	0	19	53
	合计	28	56	35	28	10	1	0	156	413
解甲集安置点	解甲集社区	26	33	8	8	3	2	1	81	183
诸王安置点	诸王社区	20	24	11	6	2	4	0	67	159
合计		74	113	54	42	15	7	1	304	755

资料来源：永兴镇政府提供。

第六节　兜底保障

2017年，利辛县实行农村贫困人口扶贫标准、农村低保标准、五保保障标准"三线合一"，提高低保标准，达到

4310元标准，确保解决兜底贫困户生活基本需求。对符合低保条件但没有纳入低保的群众，按照应保尽保、有进有出的要求，对新增低保对象实行"一户一照"制度，并建立诚信申报制度，实现动态管理、精准施保。同时切实发挥城乡医疗救助、临时救助、"救急难"等社会救助政策作用。

这一节我们主要关注永顺村社会保障体系中的低保户和五保户情况。数据显示，永顺村的低保户的数量比较少，2016年以来只有26户，并减少到2017年底的25户，文化水平大部分为文盲或小学，其中的23户标注已脱贫（享受政策），2户"低保扶贫户"为未脱贫，人均纯收入为5537元。五保户数量也非常稳定，三年来分别为36户、35户和37户，人均纯收入为6278元。

第六章

脱贫与村庄发展

第一节　贫困退出效果评价

一　贫困退出的有关数据

2014年，永顺村为329户790人实施贫困户建档立卡，尽管它有不准确的地方，但这就是该村最初的贫困户"家底"，占全村住户的比例为15.09%，大数就是15%，这就是户层面脱贫攻坚工作的对象。

2014年以来，每年底都开展了贫困户退出工作，到2017年底已经开展了4批。根据年度性实际工作资料，这4批当时实际退出户数分别是56户、40户、223户和77户。最新的建档立卡系统数据显示，这4个年度的退出户数分别是 25 户、28 户、174 户和 77 户，其间的各种动态调整、自然变动、错误更正导致了上述变化。总之，到 2017 年底，全村累计实现贫困户脱贫 296 户 580 人，剩余贫困人口 30 户 62 人，贫困发生率从 15% 下降到 1.16%。

永顺村作为重点贫困村是 2016 年实现"出列"的。在村干部看来，这也是第一次真正履行退出程序，而之前两次贫困户脱贫退出基本上就是列名单。本报告在前文已经提及，永兴镇为了让 3 个重点贫困村都在 2016 年实现"出列"，在扶贫资源、项目乃至脱贫指标分配上都向它们倾斜。因此，永顺村 2016 年实现脱贫人口 409 人，剩余贫困人口 106 人，贫困发生率降为 1.99%，刚好达到村"出列"的 2% 贫困发生率最低要求。利辛县 2016 年贫困户退出标准是"一收入、两不愁、三保障"，其中值得注意的是，亳州市为了提升脱贫效果，将退出的收入标准从 3100 元提高到 4310 元，系统显示的退出贫困户的人均收入也都超过了这个数字。

2016 年，利辛县的贫困村出列标准是"一率、一收入、一业、一基服"，即：贫困发生率降至 2% 以下；村集体有稳定经济收入来源，年收入在 5 万元以上；有一项以上特色产业；村内安全饮水、农网改造、道路畅通、贫困户危房改造等基础设施全覆盖，文化、教育、医疗设施和网络化建设等基本公共服务明显改善。对照这些标准，2016 年底，永顺村贫困发生率降至 1.99%，村集体收入达到 6.27 万元，形成光伏电站、葡萄、黄桃、泥鳅、瓜果蔬菜等特色产业，建设了不少基础设施和基本公共服务项目，因此通过了贫困村出列核查。

二 脱贫质量评价

（一）脱贫质量评价基本思路

脱贫质量是为了回应虚假脱贫、数字脱贫、断崖式返贫等问题和关切而提出的一个概念。如果说贫困人群在发展过程中自发地实现脱贫致富，那么不存在所谓脱贫质量问题；之所以提出这个概念，是因为在精准扶贫背景下，政府对每个被认定的贫困户、贫困村和贫困县要进行脱贫认定，存在政府认定是否符合实情的问题。由于政府的扶贫脱贫工作面临数量、时限等定量业绩考核，从而存在脱贫结果不实的可能，也就是脱贫质量不高。

2018年中央农村工作会议首次提出"脱贫质量"概念，随后写入《中共中央 国务院关于实施乡村振兴战略的意见》，主要是为了回应脱贫既不要降低标准又不要好高骛远的提法。《中共中央 国务院关于打赢脱贫攻坚战三年行动的指导意见》将提高脱贫质量作为一项工作要求提出来，从树立正确政绩观和合理确定脱贫时序两个方面加以阐述。脱贫质量要以扶贫对象为主体，即贫困户、贫困村以及贫困县，还可以包括集中连片特困地区和深度贫困地区等片区。政府、龙头企业等扶贫主体所建立的精准扶贫体制机制和政策也很重要，但是毕竟还是要落实到扶贫对象上。确保脱贫质量，从根本上是要求脱贫结果真实和可持续。脱贫质量对于不同层次主体的具体内涵也会有所不同。其中，对于贫困村和贫困户层面的脱贫质量，结合实际工作，可以采用以下三个方面指标来表征。

（1）真实达标：即贫困户和贫困村真正达到现行脱贫标准，但是对于更高的收入、更好的生活条件不做过多要求，也就是不"吊高胃口"。

（2）程序规范：国家规定了贫困户、贫困村、贫困县的具体退出程序，所有程序都应当认真、严格履行到位，禁止基层政府、村干部代替包办。

（3）稳定可持续：脱贫达标只是静态标准，稳定且可持续脱贫要看脱贫达标的实现机制，主要看收入结构是否合理、收入来源是否与家庭条件匹配且可持续。

（二）永顺村脱贫达标情况

1. 收入达标情况

从建档立卡系统数据看，所有贫困户的收入以及"三保障"都必须达标才可能通过系统识别，所以毫无疑问脱贫户的数据都应该是达标的。从调研者角度，不能完全依赖建档立卡系统数据，又无法采集全样本数据，只能依靠抽样调查数据。我们的抽样调查共调查了35个建档立卡贫困户，其中5户未脱贫，30户已脱贫。数据分析显示，所调查已脱贫样本户的家庭人均纯收入均值达到12070元，最大值为45243元，最小值为3246元，平均收入水平最低的25%的家庭人均纯收入均值为4533

元，所以所有样本户的脱贫收入都是达标的（见表6-1）。需要说明的是，抽样调查使用的收入是一个经济概念，将用于支付治疗费用而获得的赡养、报销等转移性收入都计算在内，与扶贫部门对贫困户的收入调查口径是有区别的。例如，样本中家庭人均收入最大的户，其收入并不是来自劳动所得或一般性转移支付，而主要是子女支付的大额医疗费用。

表6-1　已脱贫样本户2016年家庭人均纯收入

样本户数（户）	家庭人均纯收入均值（元）	家庭人均纯收入最大值（元）	家庭人均纯收入最小值（元）	家庭户籍人口数（人）	家庭常住人口数（人）
30	12070	45243	3246	2.43	2.3

资料来源：抽样调查。

2. 义务教育保障情况

抽样调查的35个贫困户样本中，未发现家中有子女辍学案例。34个非贫困户样本中，发生1例初中辍学案例，辍学原因是不愿意上学，从年龄推断，当时应该已是初三。

3. 基本医疗保障情况

抽样调查的35个贫困户样本中，未发现家中有成员缺少基本医疗保险案例。34个非贫困户样本中，仅发生1例家庭成员未参加新农合或医疗保险案例。从问卷数据看，该户收入良好，成员身体健康，应是自己不愿意参加。

4. 住房安全保障情况

户问卷中没有设置住房不安全的有关问题。本报告第五章分析显示，永顺村村干部自我评价的真正危房数量很少，但是的确还有不小比例的家庭人均住房面积偏小，而且永顺村也开展了较大规模的危房改造。对照危房改造名单和样本名单发现，35个贫困户中有3户出现在村危房改造名单中，其中1户在问卷中未回答接受了危房改造；另有2户在问卷中报告了危房改造，但是不在危房改造名单中。目前系统中所有脱贫户均为"住房安全"状态。

5.贫困村出列达标情况

2016年，利辛县规定的贫困村出列标准是"一率、一收入、一业、一基服"。从实地调查看，2016年底建档立卡未脱贫贫困人口比例降至1.99%，村集体经济收入超过5万元，村内培育了葡萄、黄桃、光伏电站等主导产业，建设了一批基础设施和基本公共服务项目，因此可以说达到了贫困村出列标准。

（三）脱贫程序合规情况

据了解，永顺村2016年的脱贫退出较好地履行了县里规定的程序。其中，贫困户脱贫程序包括民主评议、村"两委"和驻村扶贫工作队核实、贫困户认可、村内公示、乡镇审核、村内第二次公示、乡镇审定和公告、系统备案标注等。在村部扶贫办公室里，可以查询到脱贫户档案，其中记载着各项信息以及贫困户签字记录。贫困村出列程序包括村级申请和向镇提交相关资料、乡镇审核和向县扶贫开发领导小组提交出列名单、县级核查公示和审定、县公告、系统备案标注等。所有脱贫出列有关指标均在出列年末核查表中有明确记载。

（四）脱贫次序与扶贫政策贡献

由于大量的到户扶贫政策是在 2017 年以后才开始实施的，所以课题组于 2017 年 2 月的问卷调查中收集到的贫困户帮扶政策措施信息并不多。为此，2017 年 8 月，课题组再次在村内调研时，为了寻找对于贫困程度和扶贫政策精准到户的实感，请村干部推荐，在村内分别选择 15 户有劳动力的贫困户和 15 户特别困难的贫困户，拟定访谈提纲，进行入户访谈。访谈共获得 13 个有劳动力户样本和 19 个困难户样本，其中困难户基本上是老年户、缺劳力或家中有严重疾病、残疾患者。所有有劳动力贫困户均已于 2016 年脱贫；困难户样本则有 13 户于 2017 年底脱贫，还有 6 户未脱贫。从而，我们将这些样本户划分为 2016 年脱贫、2017 年脱贫以及未脱贫三种类型。建档立卡数据比较显示，这三类样本户脱贫次序不同，其收入水平和增收来源有明显的区别（见表 6-2）。

表 6-2　调查的建档立卡户 2016 年和 2017 年收入水平及增长额

项目	样本户数（户）	2016年人均纯收入均值（元）	2017年人均纯收入均值（元）	分类型户均收入 2017 年比 2016 年增长额（元）						收入下降户比例（%）
				工资性收入	经营性收入	财产性收入	低保金	转移性收入	人均纯收入	
2016年脱贫	13	5302.0	6104.3	2229.2	-545.39	1779.31	0	-1234.87	802.25	46.2
2017年脱贫	11	2871.2	4935.4	22000	527.28	1419.89	2101.82	1270.73	2064.22	0
未脱贫	6	2891.9	3492.8	1083.3	420	1251.17	97.33	-1314.98	600.92	33.3

注：此处 2017 年脱贫样本户为 13 户，因数据源中有 2 户为数据缺失，故予以剔除，使用 11 户的数据。

资料来源：建档立卡系统查询。

第一，脱贫时间越早，其平均收入水平越高，2016年和2017年数据均是如此；第二，2017年脱贫户在当年的增收幅度最大，人均增收超过2000元，而另外两类样本户的人均增收分别是600.92元和802.25元；第三，2017年脱贫户当年各类分项收入均有明显增长，而另外两类样本户则都存在部分分项收入的负增长；第四，从分项收入看，2017年与2016年相比，工资性收入和财产性收入都有明显增长，转移性收入和经营性收入都有负增长，2017年脱贫户的低保金增长较多；第五，2017年脱贫户的收入都是增加的，而2016年脱贫户和未脱贫户都有较大比例的收入下降情况；第六，2017年脱贫户在当年实现了户人均2000元的收入增长，其中户均低保金收入增长2100多元，另外两类户的低保金增长几乎为0；户均转移性收入增长为1200多元，而另外两类户的转移性收入均减少1000多元。访谈数据显示，2017年脱贫户更多地享受了公益岗位、低保、危房改造、特色种养补贴等精准扶贫政策。2017年脱贫户都是村里界定的困难户，家中基本上没有劳动力或者只有老年、病残等半劳动力，但是其中5个家庭获得了公益岗位，3个家庭获得特色种养补贴，还有5个家庭获得低保。相反地，未脱贫户享受的扶贫政策比较少。

（五）收入稳定可持续情况

1. 脱贫户收入结构

永顺村脱贫户的收入构成有比较鲜明的特征，可以概括为以下四方面：①平均收入水平达到12070元，远远高于贫困线，且不低于非贫困户的平均收入水平；②工资性收入和经营性收入相加达到3800元以上，已经超过贫困线，且两者比例相对合理；③转移性收入在总收入中占大头，约占2/3；④财产性收入比例很低（见表6-3）。虽然看上去收入结构并不合理，但是鉴于经营性收入和工资性收入已经达到脱贫标准，所以不应该对其收入结构做消极评价，需要进一步看细化收入结构及分布。

表6-3　永顺村脱贫户样本收入结构

单位：元

项目	人均纯收入	人均工资性收入	人均经营性收入	人均财产性收入	人均转移性收入
平均值	12070	2756	1123	215	7975
最大值	45243	45000	6250	1520	41850
最小值	3246	0	0	0	77.5

资料来源：抽样调查数据。

对于财产性收入，我们发现，30个样本户中只有8户有此项收入，且都是土地流转收入，户均1191元，分摊到30户才变为215元，因此来源单一且分布不均。对于转移性收入，我们进一步分析其构成，从表6-4可见，在转移性收入中，占比最高的分别是赡养性收入（40.92%）、补贴性收入（28.13%）和报销医疗费（16.31%）。作为政府直接转移支付的低保金以及民间转移支付的礼金金额都非常低，养老金、离退休金占比不足10%。从卷面信息看，脱贫户的补贴性收入应该要远低于2243元，因为不少户的危房改造补贴都列入此项，通常都在万元以上，大大拉高了平均值，但这是一次性的，而且是为了解决住房安全问题，没有带来现金收入。初步计算，如果扣除其中包含的危改补助、五保补助、错误列入的土地流转费，那么户均补贴性收入将下降为793元。对赡养性收入的分解也显示真正用于生活赡养的费用没那么高。有4户赡养费超过1万元，家中都有大额医疗费支出，其中最大的一笔医疗性赡养性支出为6万元。如果将这些医疗性赡养费剥离出来，那么户均赡养费将下降到1500元左右，而且有13户赡养费收入为0。假设将医疗性赡养费、危改等非常规性补贴、报销医疗费剥离，那么可以用于日常生活的转移性收入将从7975元下降到3461元。这已经接近于由工资和经营收入构成的所得性收入，所以说仍然是非常可观的。需要说明的是，2016年底已经有部分贫困户领取了光伏发电收入，但是在调研时还没有到账，故没有在数据中体现。

表6-4　永顺村脱贫户样本的转移性收入结构

项目	转移性收入	赡养性收入	低保金收入	养老金、离退休金	报销医疗费	礼金收入	补贴性收入
平均值	7975	3263	358	638	1301	172	2243
最大值	41850	32500	3150	2900	15000	2500	20170
最小值	77.5	0	0	0	0	0	0

资料来源：抽样调查数据。

以上是将所有脱贫户样本作为一个整体看其平均情况，现在再来看分收入组的情况。我们将样本户按家庭人均纯收入水平排序分为三组，重点看低收入组（见表6-5）。可以看出，低收入组的纯收入水平不仅大大低于另外两个组，仅为6000多元，而且其结构特别单一，几乎完全依赖转移性收入，工资性收入和财产性收入都非常低，经营性收入也仅 800 多元。低收入组的转移性收入为 5102.7 元，略低于中收入组，且在不同项目之间的分布较为均衡，虽然都不高，但是总体上较为稳定。

表 6-5　永顺村脱贫样本户按收入水平分组的收入结构

单位：元

分类	收入类别	低收入组	中收入组	高收入组
	2016 年家庭纯收入	6193.7	15458	51129.2
家庭纯收入构成	工资性收入	75	4880	17900
	农业经营净收入	820	2520	2100
	非农业经营净收入	0	1000	2500
	财产性收入	197	240	516
	转移性收入	5102.7	6818	28113.2
转移性收入构成	赡养性收入	1680	3150	11800
	低保金收入	727	572	280
	养老金、离退休金收入	1000	1003.2	1110
	报销医疗费	280	400	7287.5
	礼金收入	100	0	830
	补贴性收入（救济、农业及其他）	1315.7	1692.8	6805.7

资料来源：抽样调查数据。

2. 脱贫户家庭条件与收入结构匹配情况

我们提取了 4 个家庭条件指标，分别是劳动力数量、耕地面积、老年人口数以及不健康人口数。我们假设，劳动力多的家庭将更多地依赖劳动收入，耕地面积代表着经济资源有提供经营性收入或资产性收入的潜力，老年人口以及不健康人口应该对应着更多的转移性收入。对于永顺村脱贫户的相关分析结果基本符合上述假设，但是各相关系数值及其显著性不尽相同（见表 6-6）。有最明显作用的指标是劳动力数量，它与工资性收入、总劳动所得的相关系数都很高且显著，同时与转移性收入的关系为显著性负相关。另一个明显有作用的指标是老年人口数，老人越多，则转移性收入和医疗费报销越多，同时劳动所得越少。不健康人口数和耕地面积这 2 个指标与各收入指标的相关性或正或负，但是都不显著。我们比较关注的不健康人口数与医疗报销、财产性收入的相关性也都不显著。因此，永顺村脱贫户的收入结构与其家庭条件基本上是匹配的。

表 6-6　贫困户家庭条件与各类收入的相关性

单位：元

分类	总收入	工资性收入	经营性收入	总劳动所得	财产性收入	转移性收入	医疗报销	赡养性收入
劳动力数量	0.158	0.5571*	0.191	0.6020*	−0.2329	−0.3663*	−0.2039	−0.252
耕地面积	0.2435	0.2677	0.1243	0.299	−0.2376	0.0168	−0.0161	0.1075
老年人口数	0.0222	−0.2686	−0.228	−0.3309*	−0.0446	0.3354*	0.3830*	0.1725
不健康人口数	0.0769	−0.2529	0.1101	−0.2143	0.1444	0.2859	0.2837	0.1986

注：表中 * 代表在 0.1 显著性水平上显著。
资料来源：抽样调查数据。

综合以上两个方面的结果，我们认为，永顺村的脱贫质量总体上应该是值得认可的。最主要的是其脱贫户的收入水平都明显超过了贫困线，且收入结构较为合理。尤其是低收入组的脱贫户虽然以转移性收入为主要收入来源，但是转移性收入的类型是多元化的，从而较为可靠。此外，样本户的"三保障"问题也都很好地得以解决。

以上结论是从 2017 年初开展的贫困户抽样问卷调查数据中得出的。这个数据分析有两点不足：一是汇总统计数据可能会掩盖情况不好的个案；二是数据反映的 2016 年只是精准扶贫"大戏"的开始，更多的"好戏"其实在 2017 年以后。如果要对 2016 年以前脱贫质量的不足方面做一个客观评价，我们可以指出如下三个方面。

第一，个别户可能存在不必要的数字游戏。例如，某老年贫困户，耕地交由儿子耕种，并不给租金，但是在扶贫手册为其登记了土地流转收入。家人的解释是，儿子自己的土地流转并收取了租金，可以相当于老人的土地流转，但是这笔钱并没有成为老人的收入。不过，这位老人虽然户口本单列，但是实际上与儿子生活在一起，衣食无忧。

第二，2017 年 10 月，扶贫办系统对 2016 年永顺村脱贫户进行了一次"回退"处理，将 34 个脱贫户恢复为"未脱贫户"，同时对其登记的家庭收入也进行了调整，这就为人们质疑建档立卡和评估核查数据的准确性提供了依据。

第三，脱贫户平均收入水平较高，但是部分户较多地依赖于公益岗、低保、光伏等外援性扶贫措施，直接发展生产脱贫的作用不大。

第二节　后续帮扶

从扶贫机制看，如果扶贫对象已经实现脱贫，要么对其停止帮扶，使其实现自主发展；要么继续进行帮扶，以便实现巩固提升。当前脱贫攻坚的政策设计是"脱贫不脱政策"，即到 2020 年对所有建档立卡贫困户维持现有的扶贫政策体系，对出列村及脱贫户继续进行帮扶，以便巩固脱贫成果，实现持续性脱贫。永顺村在 2016 年底完成了形式上的脱贫出列，但是 2017 年以来所有的精准扶贫工作都持续而未间断，很好地体现了"脱贫不脱政策"原则，也由于对脱贫户的持续帮扶而打消了脱贫攻坚结束后的"断崖式"返贫忧虑。永顺村的后续帮扶可以概括为三个方面。

一 驻村帮扶体制机制的持续

2017 年以来，永顺村延续了之前的驻村帮扶以及村级精准扶贫工作体制机制。在驻村帮扶方面，省公安厅仍然是永顺村的对口帮扶单位，继续承担对口帮扶职责。省公安厅向永顺村派驻的第 1 位第一书记刘虎的任期为 2014 年底至 2017 年底，任期 3 年，其任期的第 3 年乃是贫困村出列后的第 1 年。但是由于省级统一派驻工作安排的原因，刘虎一直留任到 2018 年 3 月。2018 年 4 月，省公安厅派驻的第二任第一书记孙皆安到位开展工作。省公安厅仍按规定开展定点帮扶工作，每年安排特定的经费和资源支持永顺村的发展。

在永顺村方面，精准扶贫工作体制机制也得以维持，继续由村书记领导的党总支主抓扶贫工作，由李勇等 3 人组成的扶贫工作站继续开展工作。几位村干部继续履行建档立卡贫困户的"包片"对接工作。对贫困户的结对帮扶仍是以县公安局干部和村内干部与党员为主体，以其他单位为补充，帮扶干部仍需定期开展入户走访活动。

二 县级精准扶贫政策的落实

从 2016 年到 2018 年，在永顺村的村级扶贫实践中，可以比较清晰地看出，村级扶贫项目的设立和实施，已经越来越由最初的村级自发、自主地设计、申请项目，转向县级统一政策框架下的项目安排。从村扶贫专干那里，调研组得到一份"永顺社区 2018 年扶贫项目计划"表。这份表是由县扶贫局统一设计和提供的，将所有到村到户的扶贫项目分为产业脱贫工程、就业脱贫工程、智力扶贫工程、社保兜底脱贫工程、健康脱贫工程、基础设施建设扶贫工程、金融扶贫工程及其他八大类。前七个大类项目下含 43 个中类、55 个小类项目，几乎所有可以想到的到村到户扶贫措施都可以归入其中。对于基础设施建设、新型经营主体扶持等过去需要"跑"和"争取"的项目，现在也基本上纳入了项目库和规范化管理体系，县、乡两级对于项目资源的分配和布置进度有了统一考虑，不需要村里再去花费很多心思。村里更多考虑的是如何用好可得的扶贫政策资源。

基于这份统计表，2018 年，在县级统一政策框架下，永顺村共设立 59 个到村到户的扶贫项目，涵盖了除"其他"之外的所有类别。其中有些到户项目按照项目类型计数，如林业扶贫计为 1 个项目；有些到户项目按户数计数，如特色种植业补助；教育资助项目按照学前教育、义务教育、高中教育、高等教育分为 4 个项目。经过重新归类，同类的到户项目计为 1 个，2018 年永顺村的扶贫项目重新计数为 32 个。其中，产业脱贫项目 7 个、就业脱贫项目 3 个、智力扶贫项目 3 个、社保兜底脱贫项目 6 个、健康脱贫项目 8 个、基础设施建设项目 1 个、金融扶贫项目 4 个。上述项目涉及扶贫资金合计 839.97 万元（见表 6-7）。其中，1 个农村公路项目涉及项目资金 516 万元，修路长度 4.3 公里，是一条从永顺村通向邻村的村级道路；还有 1 个被界定为"新型主体带动贫困户增收"的项目实为自发土地流转，涉及的 13.45 万元资金并非项目资金。因此，如果去掉这 2 笔，那么剩下的更容易见效的到村到户扶贫项目是 30 个，涉及资金 310.52 万元，仍然非常可观。

表 6-7　2018 年永顺村精准扶贫项目

单位：个，万元

项目类型	项目数量	项目金额	项目内容
产业脱贫工程	7	106.55	林业扶贫、特色种植业奖补、特色养殖业奖补、新型主体带动贫困户增收、电商培训、电商扶贫网站
就业脱贫工程	3	61.96	公共服务岗位、扶贫驿站、汽车驾驶培训
智力扶贫工程	3	9.94	教育局"寒门圆梦"、扶贫局"雨露计划"、致富带头人培训
社保兜底脱贫工程	6	43.41	危房改造、五保供养补助市级配套、低保补助市级配套、水费补贴、永顺村光伏电站电费补贴市级配套、贫困户代缴城乡居民养老保险

项目类型	项目数量	项目金额	项目内容
健康脱贫工程	8	29.65	免缴新农合参合金、免缴家庭医生签约服务费、贫困人口免费健康体检、瘫痪卧床或精神疾病护理补贴、贫困精神残疾人药费补贴、残疾人精准康复、"351"政策、"180"政策
基础设施建设工程	1	577.24	农村道路畅通工程、农村安全饮水提升工程、中小学校舍新建改建项目、精准康复基层基础设施建设、贫困村开通镇村公交项目、农村人居环境整治项目、农村改厕项目
金融扶贫工程	4	11.22	小额信贷贴息、扶贫小额信贷人身意外保险、种植业保险、贫困户意外伤害和重大疾病保险
合计	32	839.97	

资料来源：根据永顺村提供资料整理。

三 村集体经济及新型经营主体的发展

如上所述，永顺村作为全县精准扶贫实践的一个缩影，"规定动作"越来越多，"自选动作"越来越少，似乎扶贫工作变得容易了。在村内的调研和访谈显示，虽然具体工作的不确定性和未知性减少了，但是工作难度好像并没有下降。除了落实常规性的到户帮扶措施以外，村级层面的精准扶贫工作内容主要在于发展村集体经济和促进新型经营主体发展两个方面，两者的主要目的最终都是为了惠及贫困户。

（一）发展集体经济

笔者与时任永顺村党总支书记李月新有过一次面谈，问及他当前村里扶贫工作的重点是什么，他的反应很直接，就是发展集体经济，增加集体收入，为保障一些贫困户的收入水平提供收入来源。他算了一下村集体的收入来源，包括：5 座光伏电站收入，一年加在一起应该有好几十万元；强英鸭业大棚租金每年 3 万元；即将建成的扶贫车间厂房设施可以获得一笔租金收入；农委最近资助了 40 万元扶贫资金，可以用于入股分红。所有这些集体收入将优先用于低收入或收入不稳定的贫困户，资助方式可以是公益岗位、临时救助等。目前的公益岗位工资都是由上级支付，将来等村里有收入了，很可能从村集体收入中支付。

从与李书记的交谈中可知，村里原本有直接从事集体经济经营的愿望，注册月新专业合作社就是这个目的，但是一直不知道该如何切入，合作社也一直没有实际运作。从目前来看，村里已经基本放弃了从事集体经济经营的想法，村里说的发展集体经济实际上是通过形成集体经营性资产以出租方式增加集体收入。光伏电站、扶贫车间在近期内都是较为可靠的经营性资产，其来源都是各项扶贫资源，除了租地费用，村里没有别的直接投入。

（二）促进新型经营主体发展

在促进新型经营主体发展方面，本报告的描述已经显示，永顺村各类经营大户的发展，土地流转和适度规模经营，大田作物之外的瓜果、蔬菜、肉鸭、水产养殖等新业态的发展的确呈现一片新气象。这种发展，不仅是因为村里原本有一些能人大户，也与村集体的脱贫攻坚工作密不可分。脱贫攻坚对新型经营主体发展的促进作用至少体现在三个方面：第一，村里争取资源，开展了大量道路、水利、电力等基础设施建设，为企业经营提供了较好的外部环境；第二，基础设施建设过程中直接为部分企业的生产基地提供了配套性基础设施建设；第三，驻村干部和村干部开展了一定程度的招商引资工作，一些经营者的确是被"拉"（动员）来的而不是自发地前来投资。

两任驻村第一书记是这方面的主要推手。第一任书记刘虎组织建起了村级扶贫产业基地，利用集体可支配资金流转了成片耕地给经营者使用，发展起黄桃、葡萄、肉鸭、蔬菜等新的农业产业，至少有 2 个经营者是其通过个人关系或魅力吸引而来的。第二任书记孙皆安也同样将主要精力用于扶持新型经营主体的发展，并且侧重于企业内在生产经营而不是单纯地给资助。例如，他帮助其中一个葡萄园设计包装盒注册商标，对外宣传和寻找直销市场。按说这对企业是有利的，可是葡萄园的部分合作者在这种情况下还发生了以次充好的恶劣行为，令其沮丧并反思下一步如何开展工作。孙书记也在尝试开展新的招商工作。

新型经营主体的健康发展对于贫困户的带动作用体现在两个方面。一是实现土地流转的稳定性，甚至扩大土地流转规模，确保每亩集中连片耕地的租金达到 800 元。这看似常规的市场现象，对于村干部却并不是这么简单。例如扶贫产业基地的那片黄桃园在原经营者准备放手后，村里着实有些紧张，因为涉及好几万元的流转费马上要到期发放问题，可能产生社会不稳定。二是带动一部分贫困劳动力就业增收。贫困户家里即使有劳动力，很多也只是半劳动力，如老年人以及有一定程度疾病或残疾的成年人，没有技术，也干不了体力活，菜地、果园的零活比较适合他们，当然工资水平也不高。一年只要有四五千元收入，对家里脱贫也是不小的贡献。

第三节　脱贫与村庄发展

到目前为止，我们对永顺村的了解和分析对象，主要是占总户数 15% 的建档立卡贫困户，以及从扶贫措施角度考察村庄的基础设施建设和产业发展情况。现在我们有必要把视野扩大到全村，考察永顺村的村庄发展情况，也就是精准扶贫给村庄带来的变化。由于关于村内发展的很多信息已经在报告中不同的部分体现，而且课题组也不可能做新的抽样调查，因此这里对村庄发展的一些主要方面进行重新概括，主要包括三个方面。

一　基础设施建设趋于完善

近年来，永顺村完成的基础设施建设项目主要有：道路网络（包括进村公路、通组道路、通邻村公路、田间道路等）、自来水入户工程、安全监控的天网工程、包括民用电和动力电的电网改造和扩容、新村部和村民服务中心建设、小学和卫生室改造、新幼儿园建设、道路交通安全设施等。这些基础设施建设使全村有了良好的发展基础条件。

二　村容村貌有较大改观

上述各类基础设施建设是村容村貌改观的一部分，但村容村貌的改观还不只如此。永顺村同样从 2016 年起，在上级政府安排下实施了省级美丽乡村建设项目，以基础条件较好的吕寨庄为基础，建设中心村，覆盖周边 8 个自然庄，实施拆旧建新、居住集中、宅基地复垦和耕地整治、村庄"三化"（绿化、美化和亮化）、配套公共服务和文化设施建设等。中心村集中建起多栋住宅，安装了太阳能路灯，进行了庭院绿化改造，围绕新村部配套建设了文化大舞台、幼儿园，即将建设扶贫驿站（扶贫车间）。其他自然村的村民可以自愿向中心村集中，危旧房都已经得到拆除新建。一部分易地扶贫搬迁户搬到了另一个村的新建社区，旧房予以拆除，这也是村容村貌改观的一种体现。村里配备了护林员、保洁员、护路员、监护员等公益岗位，对维护村内社会秩序与改善村容村貌起到了很大的促进作用。

三 产业发展有兴旺的势头

与以前的传统农业生产相比，现在永顺村的产业有向产业兴旺方向发展的势头，表现为以下几个方面：一是产业基础设施区域完备，包括道路、灌溉、动力电等，扶贫产业基地对新型经营主体产生了一定的吸引力；二是村内聚集了一批新型经营主体，多数是本村人，有的是返乡创业的大学生、外出务工人员、国家干部等；三是土地集中流转具备了一定规模；四是现有经营主体经过几年摸索积累了一定的技术和管理经验；五是目前已经形成了较为丰富的产业形态，大田作物之外还有林业、果业、畜产养殖、水产养殖、农机服务以及潜在的农产品加工业等。

第四节　贫困村的内生发展评价

数据及实地调查显示，永顺村经过 2015 年以来三年多的精准扶贫，实现了国家标准之下的贫困户脱贫和贫困村出列目标任务，课题组抽样调查结果对此进行了验证。我们的调查结果还显示，永顺村的脱贫结果具有可持续性，未来发生明显返贫的可能性较低。接下来我们尝试回答本报告开始提及的贫困村发展前景问题，即就永顺村这个普通个案而言，如此大力度的精准扶贫，有没有帮助贫困村培养出内生发展动力，能否诱致其实现繁荣性发展？本报告给出一个居间的回答，但是这并不表明"中等程度"的内发发展，而是指有些方面具备了内生发展特征，而另外一些方面则还受明显的外力驱动，内发性不足。

一 内生动力评价

20世纪80年代开始的"中国百村调查"研究成果探讨了村庄发展的内发性和可持续性问题，并归纳了内发发展类型村庄的特征。遵循这条线索，我们认为，永顺村目前的发展，其动力同时来自村庄内部和外部。其中，内生动力包括村"两委"的持续不懈努力和一批市场化经营的新型经营主体发展现代产业的努力；外部动力主要是县级脱贫攻坚行动在村级开展的精准扶贫工作以及全省自上而下的对贫困村和贫困户的结对帮扶行动。内生动力和外部动力的结合点是村级治理主体，包括村"两委"、第一书记以及驻村扶贫工作队，他们虽有职责分工，但是很多工作基本上是在一起开展。第一书记和驻村扶贫工作队的人员、职责都是外源的，虽然在村内工作，但是职权和任务都来自上级党委政府。与此同时，村内的"两委"治理能力和主观能动性相对薄弱，年龄老化、文化水平偏低、思路有限，缺少后备人才。从永顺村的实际运作看，主要的创新性思路和主动性作为还是来自驻村干部，包括从省公安厅派来的第一书记和长期包村的镇干部。永顺村曾在 2008 年并村时发生过没有选出村委会的情况；2018 年换届时类似情况再次发生，村内没有合适人选，只得由一位包村的镇干部担任村总支书记兼村委会主任。[①]

与此类似，永顺村目前的发展成效，主要贡献还是来自脱贫攻坚背景下的大量外部资源投入。永顺村虽然在帮扶单位上略占优势，但是毕竟只是一个普通村庄，竟然获得了这么多帮扶资源，可见利辛县的脱贫攻坚是花了"真金白银"的。在这个前提下，在永顺村开展经营的各新型经营主体的作用并非可有可无。它们大多按照市场化方式开展经营，有的有振兴家乡情怀，有的被树立为市县典型。它们带动了村里的土地流转、农业转型和产业发展。村集体借助精准扶贫机会开展的基础设施建设、扶贫产业基地建设以及媒介性土地流转，可以视为另类"双层经营"，代表着村集体意志，未来有望得以延续。因此我们认为，永顺村的发展动力内外兼有，到目前为止是外因大于内因，内生动力正在培育和成长之中。

与此形成对比的是，本报告主要作者之一曾经对一个皖南山区富裕村——霄坑村的发展动力进行过研究评价。该研究得出的结论是，霄坑村的经济社会发展具有较强的内生发展特征，内因贡献大于外因，重要内因包括不可比拟的生态环境优势和资源条件、强大的民营绿茶产业体系以及对生态保护和茶业发展起推动作用的村庄治理机制

---

① 永顺村 2016 年在建制上由行政村变更为社区，所以其行政负责人是"居委会主任"而不是"村委会主任"，从而由一位国家干部担任并不违规。

等。换句话说，村庄发展的内生动力在两个村的差别是显而易见的。

二 繁荣性发展评价

繁荣性发展是对发展状态的一种描述，指发展具有持续性及内在活力。永顺村是否只是实现了贫困户脱贫而仍旧是一个沉闷的普通村庄？永顺村作为一个农村社会细胞，在实现脱贫后，是否向繁荣性发展迈进，或者呈现这个苗头？这个问题关乎一个更深层次的问题，即贫困村脱贫与乡村振兴究竟是什么关系，是不是期待贫困村也和其他村一样有繁荣兴旺的前景？就永顺村而言，实地调研情况显示，永顺村当前的发展态势具备了一些繁荣性发展特征，其表征包括基础设施和基本公共服务设施的建设和完善、新村建设和村容村貌的改善、贫困户脱贫和社会差距的缩小、一批本地新型经营主体的崛起和新型农业的发展、村集体致力于土地流转和生产性基础设施建设等。

不过永顺村的经济社会还并没有达到明显的繁荣性发展状态，一切都还处于起步或初始阶段，主要征候包括：多数经营主体的发展尚处于起步阶段，前景如何尚未可知；大多数农户的家户经济与当前村集体的发展模式脱节；家庭经营方式仍是传统状态，合作经济的发展滞后；村庄治理后继无人，村民自治优势没有发挥出来。比较可见，永顺村的繁荣程度与霄坑村还有很大的距离，后者村不富而民富。同时也要指出，永顺村的发展虽然处于起步阶段，但是与其邻村徐寨村相比好得多，也幸运得多。徐寨村与永顺村的贫困程度差不多，但是因为更早地得到整村推进项目而没有在脱贫攻坚中被认定为重点贫困村，如今村里只能得到很少的项目支持，而且村里"两委"班子的治理能力也比较弱，干不好还不想退。①

---

① 此判断来自镇干部的介绍以及调研组 2018 年 7 月对该村换届选举大会的观摩。

第七章

调研思考

第一节　村视角下的县内扶贫责任制

一叶知秋。扶贫开发是一项政府主导的工作，从最基层的村级实践可以看到镇政府及以上各级政府的影子，直至中央。本报告主要作者在一篇论文中提出了县以下脱贫攻坚责权划分问题。全国层面的脱贫攻坚责任制是中央统筹、省负总责、市县抓落实，至于市县如何抓落实，则是语焉不详，各地实践百花齐放，做法不一。永顺村的调研为我们提供了一个观察实例，包括县、镇、村三级分工和村内四支力量分工协作两个方面。

一　县委县政府发挥脱贫攻坚指挥部作用

对于县级党委政府在县内脱贫攻坚中的角色分工，经过两年以来的观察，我们认为，利辛县作为国家级贫困县，作为"县抓落实"的责任主体，日益形成完整的脱贫攻坚工作体系，成为一个坚强的指挥部，在国家分工体系中，很好地落实了中央和省级部署的战略和政策；在地方层面，又很好地发挥了领导主体和行动主体作用。作为县级的脱贫攻坚领导主体和行动主体，利辛县党委和政府以领导小组的形式组成一个统一主体，把全县所有重要部门聚拢在一起，制订统一的思路、政策、方案和行动计划，各相关部门和乡镇政府都是责任落实的主体。由于统一领导的强化，各部门之间的职责和政策得以更好地在部门间、地区间衔接。到 2018 年，我们在村级层面观察到了项目库制度的实施，村里根据需要提前申报项目，以往是"争取"和"跑"项目的重点领域的基础设施、产业扶贫也都包含在内；镇政府在镇范围内予以调节、确认和上报。得到批准的扶贫项目就照计划实施。

具体地说，2017 年以来，利辛县在精准扶贫方面形成了以下统一的工作思路或机制：在收入方面，利辛县坚持把发展产业扶贫作为主攻方向，把引导就业作为长远抓手，推动产业扶贫"2+X"（光伏扶贫、特色种养业扶贫 + 乡村旅游、农村电商、设施农业、中药材种植等）和就业扶贫"五员一工"；在医疗保障方面，组织各乡镇卫生院，将全县贫困人口信息按照病种进行了摸排汇总，严格落实省"351""180"等健康脱贫政策；在教育保障方面，以"寒门圆梦"行动计划为抓手，实行"资补兜贴贷"（学前教育资助、义务教育补贴、高中教育兜底、职业教育贴补、大学教育贷款）全覆盖，并将城镇低保家庭学生纳入教育扶贫范围；在住房安全保障方面，委托第三方机构对全县建档立卡贫困户住房情况进行第三方鉴定，形成危房改造信息数据库；在驻村帮扶方面，实现驻村扶贫工作队、帮扶责任人、扶贫专干、单位对贫困村全覆盖，驻村扶贫工作队对所有村全覆盖。

除了产业扶贫政策之外，几乎所有政策都有明确的适用对象。产业扶贫政策的特殊性在于，它虽有资助资源，但是一方面需要各类有带动能力的大、中、小型市场主体的自愿参与，另一方面需要普通农户的自愿参与。安徽省将这归纳为"四带一自"产品扶贫模式。利辛县（包括亳州市）在产业扶贫和就业扶贫方面的主动作为包括：自主制订和实施林业扶贫计划；积极引入强英鸭业、德青源蛋鸡等产业项目；大力建设光伏电站；建设扶贫就业驿站；推行"六员一工"等公益岗位，都是力争实现贫困村全覆盖。目前上述所列项目，除了德青源蛋鸡项目之外，在永顺村都得到了实施。这些项目是村集体收入和部分贫困户收入的重要保障。由于它们都是由县级设立或引入的，县级难免对其持续运行负有一定责任，尤其是光伏项目，县城投公司承担了大量贷款需要偿还。从这个意义上，永顺村的持续稳定脱贫，将来不仅要靠村内的努力，也与全县扶贫产业体系乃至资源保障体系的平稳运行休戚相关。

二 镇党委政府发挥积极的承上启下桥梁作用

永兴镇的党委书记已经上调到县里担任副县长,但是书记职务并未解除。镇长作为党委副书记,主持镇党委工作,同时负责镇政府工作。直到2018年中期,县里才为永兴镇调来一位党委副书记,负责镇政府工作,从而形成了镇长负责党委工作、副书记负责政府工作的局面。永兴镇镇长刘阳长期深耕基层,在全镇重点发展现代农业,建立了一个现代循环农业园区,在各村推动土地流转和土地整理,推动部分行政村建设新的中心村和适度集中。从陪同调研时的交流情况可以看出,该镇长对各村情况都非常熟悉,至少包括永顺村以及我们在镇内调研过的其他几个村,对绝大部分提出的问题,包括敏感问题,都能给出很明确的、坦诚的解答。县里为镇里配备(下派)了一位专职扶贫副书记;镇政府还扩充了镇扶贫办,人数由2人增加到5~6人,配置了全镇最好的办公条件。

调研组不止一次向镇政府主要领导和分管扶贫的领导干部询问镇级政府在脱贫攻坚中的主要职责和主动作为有哪些。虽然每次都能得到答复,但是答案都不甚理想。概括起来,大体上,镇级党委政府对于镇域发展的整体性思路和主动性作为不多,但是其履行承上启下职责仍然具有较强的积极主动性。对上,镇政府一方面要落实县里布置的各项任务,开展扶贫工作的日常管理;另一方面是上情下达,统筹分配政策资源,确保资源的适度均衡分配。镇级本身的工作,主要是像抓招商引资一样对上、对外争取各类项目，这些项目大体符合区域发展和扶贫开发需要，但是未必有完整思路，或者说没有成文的思路，例如光伏项目、肉鸭养殖项目等。对下，镇政府主要起领导、协调和指导作用，包括领导各村工作，协助各村根据需要争取资源，在镇级权限内分配资源，为实际工作中的问题提供解决方案等。

三 村级角色由自发探索转向落实上级部署和政策

在永顺村，我们是从 2016 年 11 月进行了预调研，2017 年进行了三次正式调研，2018 年又进行了补充调研。前期调研时，第一书记兼驻村扶贫工作队长刘虎已经在岗工作了 2~3 年，既有思路，又熟悉工作。所以，主要的调研接待和工作安排都由他出面。村里的具体扶贫工作，似乎是由第一书记与镇里共同商讨确定的。与此相反，主要村干部则显得比较生疏，基本不说话，口音也比较难听懂，似乎村"两委"领导力不强，主要做执行工作。这是对永顺村的初步印象，后来略有改观。访谈情况显示，村"两委"班子中，村书记对全村发展思路、各项工作情况最为了解，但是都记在心里，没有做笔记的习惯，其他村干部也没有保存原始记录、档案的习惯。正如本报告在前文中所说的，永顺村主要拿主意的是第一书记和村书记两人，两人分别主外和主内，发展思路自然要得到书记认可。而且，村书记和村级班子的思路总体上偏保守，不愿承担大的风险，更愿意通过形成集体经营性资产来实现较为稳定的集体收益，为村集体和贫困户提供收入保障。

结合对第一书记、村书记、村委会主任的访谈以及第一书记撰写的系列工作总结材料，我们认为，永顺村的村级治理主体在精准扶贫工作上是积极作为的。前期，在第一书记的领导下，永顺村党建薄弱和组织涣散的情况有所改观，村集体班子能够集中精力开展精准扶贫工作，具体体现为贫困户识别和建档立卡，基础设施建设，扶持产业发展，推动土地流转和建设扶贫产业基地，落实教育、健康、低保、危房改造等扶贫政策等。这段时期，村级主体的积极性和主动性比较强，愿意花心思去思考发展思路、寻找资源、克服困难。到了后期，尤其是 2018 年以来，由于贫困村出列已经一年多，县级精准扶贫政策体系更加完善，村级精准扶贫"规定性"动作增多，"自选性"动作减少。包括产业扶贫在内的几乎所有精准扶贫政策都有了详细的实施办法。村里要做的，越来越多的是落实，比较有限的"自选性"动作包括如何帮助已有新型经营主体健康发展、将生产性基础设施建设向新型经营主体倾斜等。

第二节　村级精准扶贫的一些经验

永顺村的精准扶贫工作总体上值得肯定，最近几年看到了明显的村容村貌变化，贫困户脱贫效果也比较显著。永顺村精准脱贫取得的成功，得益于一些可以做到、值得肯定、值得总结的好的做法、经验。

一 驻村帮扶带来了大量资源和发展思路

永顺村扶贫工作的开展和村庄的发展，始于驻村帮扶。永顺村的驻村帮扶干部有 2 位，分别来自作为包村单位的省公安厅和镇政府。这两位干部都是长期驻村，在任期内与原单位岗位脱钩，专职开展工作，对工作非常投入，而且带来了各自单位的资源和支持，争取了不少社会资源。永顺村的发展思路基本上是由驻村帮扶干部提出的，当然也是得到了村干部和镇政府的认可。不可否认的是，仅凭村干部，可能不会形成现有的发展思路。

二 稳定确立了以发展产业为主的发展思路

目前永顺村已经形成了基本完整的精准扶贫架构，与全县的扶贫政策和思路基本一致。但是从村里实际工作开展角度来说，还是要区分轻重、主次。教育、健康、危房改造等基本上是按条件自动匹配和分配的，无须花费太多心思去争取。所以，永顺村自始至终坚持了以发展产业为主的扶贫和发展思路，把大量乃至主要精力用于建设生产性基础设施、规划扶贫产业基地、促进土地流转、吸引新型经营主体等方面。虽然产业发展过程中发生了一些曲折，但是总体上没有走大的弯路，没有大的损失。

三 产业扶贫以新型经营主体为主要载体

无论对产业扶贫有多少质疑，它都是扶贫措施体系中不可或缺的部分，而且主要问题在于产业扶贫方式的选择。永顺村经过三年左右的摸索，对于产业扶贫可以说采取了"两条腿走路"的思路：对于集体经济，主要借助县级的优惠政策，致力于形成光伏电站、扶贫驿站等集体经营性资产，风险低，收益稳定，收益分配灵活性强；对于发挥"带贫"作用的扶贫产业，主要以新型经营主体为载体，协助这些主体发展规模经营，通过土地流转和就业带动贫困户。这种方式只要能够吸引到新型经营主体，就能够降低集体风险，并且具有较好的市场适应性。目前来看，永顺村的大部分经营主体发展生产的积极性还是很高的。

四 非扶贫项目对精准扶贫起到助力作用

也许如镇长所说，永顺村有一定的建设中心村的基础，也许由于该村的精准扶贫较快地见到效果，永顺村在2016年获得了省级美丽乡村建设示范项目，在其中的一个自然庄建设新中心村，鼓励周边自然庄住户向中心村集中。新村项目获得了将近1000万元的项目建设资金，资金主要由县城投公司通过"增减挂钩"机制提供，对于村里来说是"免费"的。这么大的投资力度无疑明显改善了村容村貌。新村建设、基础设施建设、危房改造等项目叠加在一起，对国家支持政策在村层面的落实起到了"1+1>2"的整体性增值效果，对精准扶贫起到助力作用。甚至可以认为，永顺村的建设起到了精准扶贫与乡村振兴有机衔接的示范作用。

五 县级精准扶贫政策体系形塑了村级精准扶贫架构

永顺村不是自己在战斗，永顺村的脱贫成就不完全是自己努力的结果，县、镇两级都有积极和重要的贡献。在几年的精准扶贫工作中，村级主体的角色逐渐发生了变化，由最初的四处出击找资源、找项目，冥思苦想找思路，到后来主要是执行好上级的政策和规划。例如公路建设，以前是谁下手快，就能获得更多的资金；现在则是有一个通盘的建设计划，对于村来说"排队"即可。产业扶贫在县级层面形成了"人有岗位、户有苗木、村有电站、县有龙头"的产业扶贫新格局，这个格局几乎完全映射到了永顺村，永顺村到2017年建成了5座光伏电站，林业扶贫在2018年启动并且要全部完成。教育扶贫、健康扶贫、住房安全方面当然更是完全复制了县级政策框架。当然，永顺村现有的产业扶贫项目比县级架构更加丰富一些，主要体现在发展了一批自主经营的新型经营主体，这是前期得到县、镇两级积极支持的结果。所以，在永顺村的发展上，县、镇、村三级的协作效果是比较好的。

六 脱贫不脱政策是持续脱贫的重要保证

在永顺村我们见证了脱贫不脱政策的具体落实。除了未脱贫户的数量变化外，一切扶贫措施与以前没有区别，5座光伏电站中的2座、林业扶贫项目、扶贫就业驿站项目等都是在贫困村脱贫出列后实施的，2017年以后包村单位还按规定派驻了一位新的第一书记兼驻村扶贫工作队长。实事求是地说，根据贫困村出列标准，2016年底，永顺村出列了，但是如果没有后续扶贫政策跟进，脱贫成效并不牢靠。2017年以来的扶贫工作确保了以前的扶贫项目和措施的持续推进、发展，的确起到了巩固脱贫成效的作用。

第三节　村级精准扶贫及村庄发展存在的一些问题

实事求是地看，永顺村的精准扶贫工作，包括村庄发展，绝非已经达到完美，依然存在不少可以发现、指出的缺陷或问题，其中有些是共性问题，有些是特有问题。

一 在村级层面上，精准识别仍是一个难题

本报告第二章特别详细地描述了永顺村的建档立卡数

据变动情况，对其变动原因进行了追溯。仅就一个村而言，我们发现，在花费了相当大的精力之后，频繁的数据变动其实绝大部分是有据可循的，真正找不到变化原因的只是少数。但是让人不容易接受的是那些较大数量的"人为的""主动的""合法的"变动，也就是那些动态调整中的调减、回退、递补的部分。如果当初对所有可能的贫困户以及拟脱贫户都真正采取了"一把尺子量到底"的进入及退出评价，不应该发生这些。如果是，则不会发生这些问题；如果不是，则显然存在着各种影响精准识别效果的因素，指标控制、人情关系、不严不实等都有可能。从最新的结果看，村里应进未进的漏评贫困户应该没有了，但是建档立卡户中是否还有错评户是不好说的，因为无法回溯他们进入时的状况。我们计算的贫困户的平均收入水平与非贫困户持平，而且其中还有比较明显的收入分层，因此这是有可能的。说到底，很有可能是指标控制加逆向排序的识别方式，而不是真正按照"两不愁、三保障"标准的识别方式，才导致了这样的结果。

从调研情况看，目前建档立卡贫困户识别工作中仍然存在以下问题。一是家庭收入确定难。在市场经济环境下，农村人口普遍外出务工，流动性大，收入来源多，调研人员难以全面掌握其收入情况。赡养费等转移性收入的确定也很困难。二是家庭财产调查难。在村级层面上难以全面掌握贫困户在外购置商品房、车辆以及经营实体和存款等情况。三是因病致贫的认定标准不明确。在收入指标基本失去意义的情况下，因病致贫成为重要认定因素。但由于因病致贫认定条件不明确，一些病情较轻（如轻微骨折、关节炎、颈椎病、阑尾炎、轻度糖尿病）、不影响劳动能力、生活并不贫困的病人及家庭也被认定为贫困户。四是住房安全认定有时候也存在争议。这既包括危房认定本身会存在争议，也包括居住在别人的安全住房中的困难人口如果要求获得住房该如何对待等问题。

二　建档立卡中的资料档案宣传等工作过于繁重

在村镇调研可发现，室内外各类展板、作战图满墙挂，各种标语、横幅、画册到处有。许多基层干部抱怨，各级各部门各类登记表、记录表甚多，不同表格填写多遍，签字多遍。自开展精准扶贫工作以来，该村扶贫手册就共计填了7版。国办第一版后，各级领导在视察、考察、开会讨论过程中提出"新想法"，便有可能要求制作一个新版本，手册已从国办第一版的8页纸变成"市办第七版"的30多页纸；每一个版本都必须贫困户签字、核实。最新的一版竟然要求填写贫困人口身高、腰围、鞋码等身体指标，房屋面积要精确到平方米，无法理解其必要性。每换一个版本，都要重新填写、签字，造成很大的人力、物力、财力浪费。镇扶贫办有4位专职干事，村扶贫工作站有3位专职扶贫专干，他们的主要职责不是到户、到田间地头搞扶贫，而是处理材料。他们的工资都是财政支付的，也就是县里为他们的资料、档案工作提要求和买单。利辛县自上而下的扶贫工作人员需要面对国办、省办、市办三个建档立卡操作系统，系统之间没有对接接口，无形增加了工作量。此外还有县扶贫大数据中心、市办和县办的扶贫 App，从基层来说，这些都是费时费力不讨好的技术应用。

三 扶贫力量未能充分利用，也没能完全用到点子上

一般意义上，村级扶贫力量有"四支队伍"，包括村"两委"干部、第一书记、驻村扶贫工作队以及贫困户帮扶责任人。永顺村的第一书记兼任驻村扶贫工作队长，而工作队成员除了一位镇干部，剩下都是村干部。因此，驻村扶贫工作队的力量比较薄弱，没有起到"队"的作用。上面说了，利辛县又为每个贫困村配备了扶贫工作站，设立 2~3 名扶贫专干，与村书记拿相同的工资，年轻而且学历较高，专职从事扶贫工作。可惜的是，他们不做扶贫，而是专做扶贫资料，职责是迎接全县的脱贫摘帽考核评估。帮扶责任人是一支庞大的队伍，共有 62 位帮扶责任人对应本村 324 个贫困户，其中来自村外的有 30 人。这支队伍的作用发挥得如何，我们没有做深入调研。但是根据对当地干部的调研情况，这些帮扶责任人基本上也只是做到了定期探视、嘘寒问暖的基本动作，没有听说特别突出的"一对一"帮扶成效实例。

四 产业扶贫是亮点，但仍是弱项

永顺村的村级精准扶贫以基础设施建设和产业扶贫为

起点，其中产业扶贫是重点和亮点。开展驻村帮扶以来，驻村干部重点思考和开展工作的领域就是产业扶贫。村里的主要思路是"两条腿走路"，一是通过土地流转促进新型经营主体的培育和更好地开展经营；二是尝试开展集体经营，发展集体经济和增加集体收入。目前来看，培育新型经营主体、发展现代农业、带动贫困户就业增收、增加村集体收入等目标基本实现。但是，发展村集体经济的目标没有实现，估计也不会再尝试，而是把主要精力放在形成和维护集体性经营资产、分配集体收入方面。新型经营主体在永顺村的发展目前看来颇具活力，村里也提供了较好的生产性基础设施和土地流转等配套服务。但是，由于发展时间较短，大部分主体的经营活动都还在起步阶段，生产技术、质量控制、市场销售、贫困户联系等方面还没有形成稳定模式，或者说还比较脆弱。有的存在经营诚信不足问题，有的存在疏于管理问题。另外，村里的经营环境似乎也并不是很好，农地里种植的农产品曾经发生过偷盗现象。

五　村级治理人才短缺隐忧

村级扶贫力量有"四支队伍"，但是在永顺村主要是村"两委"干部、第一书记以及镇政府包村干部，驻村扶贫工作队只发挥了一般的作用，帮扶责任人也只发挥了一部分作用。超越扶贫的村庄治理，大概也是靠这些人。要打造"不撤走的工作队"，只有靠村干部，而这恰恰是永顺村的短板。本报告多次叙及，永顺村村干部老化，而且"包片"的治理机制似乎也不是很理想。之前村里有 2 位后备干部、2 位考察对象。2018 年"两委"换届，由于年龄、学历以及省委组织部的其他规定，上届村"两委"成员均不能再参选，新一届村"两委"全部是新人。3 位扶贫专干中有 2 人分别成为支委委员和村委委员，其中李勇曾经是后备干部。但是似乎村内的可行人选中没有人有足够能力能胜任总支书记或村委会主任，所以最后只得由镇政府包村干部担任。① 因为永顺村已经改为社区，所以这并不违反有关基层自治规定，但是村内缺乏治理人才的状况已经很明显了。

第四节　主要调研结论

本报告以一个普通的、以农业为主的皖北贫困村为对象，分析其精准扶贫做法和村庄脱贫成效，在此基础上考察其到目前为止的发展动力机制，即在多大程度上具备内发发展以及繁荣性发展特征。本研究得出如下三方面主要结论。

---

① 安徽省 2018 年村"两委"换届对候选人资质的严格要求造成了一定的影响，如对学历、违法违纪记录的要求等，这直接导致原书记李月新不能再参选。

一　精准扶贫在永顺村取得了实实在在的脱贫成效，产业发展间接带动是其主要脱贫路径

三年多以来，永顺村的精准扶贫在识别、帮扶和脱贫这三个方面都取得了实实在在的成效。在精准识别方面，做到了动态调整，把错误识别的超过贫困标准的户清退，把返贫户和新发生贫困户及时纳入；在帮扶方面，充分发挥驻村第一书记和驻村扶贫工作队以及村"两委"力量，积极争取县级以及外部政策和资源，争取镇政府支持，把产业发展、村庄建设、助残扶老扶弱等事业有机结合起来，扎实开展点面结合的帮扶行动；在脱贫方面，不仅村级开展了大量建设并形成了不少经营性资产，而且脱贫户都得到了一项或者多项帮扶措施，有的形成了自主发展能力。因为永顺村贫困户中大部分缺少劳动力或只有病、残、老等半劳动力，所以产业发展间接带动是主要的脱贫路径，包括光伏收益、农场就业、公益岗位就业等，发展农业经营、通过帮扶外出就业的情况相对减少。2018年开始发展的林业扶贫和扶贫就业驿站等项目将为贫困户带来更为长远的收入保障。

二　永顺村当前发展以外援因素为主要动力，内生动力正在成长但是仍显薄弱

永顺村当前的发展驱动力内外兼有，但是以外援因素为主，包括强大的县级政策支持、长期的驻村帮扶机制以

及驻村干部的努力等。内生动力在永顺村不可或缺，包括包含村"两委"、驻村干部在内的村级综合治理能力以及近年来集中发展起来的颇有活力的市场化经营主体群体。永顺村的内生动力正在成长，但是仍显薄弱：在治理能力上，驻村干部占主导，村干部年龄、素质、能力都有局限，村民自治机制还没有很好地发挥；在经济发展上，新型经营主体的规模化经营与普通农户基本分割，合作经济尚未破题。

三 善用村民自治机制，以人才培养为总抓手，永顺村有望通过增强内发展能力而走向繁荣性发展

永顺村是皖北大地上千万个普通村庄的一个缩影，发展前景应当是走向繁荣而不是衰败，考虑到城镇化趋势，村内的变动可以是自然村的集中而不是整村的消亡。因此，永顺村当前通过发展产业和形成资产的方式为贫困户提供了收入保障，通过危房改造、教育扶贫等措施为贫困户提供了基本保障，后续的目标应当是追求繁荣性发展。永顺村利用精准扶贫的机遇，已经打下一些基础。接下来的重点工作应当是增强内发展能力，逐步摆脱对外援力量的依赖，当务之急是本土人才的培养。永顺村的"两委"换届推迟到 2018 年，由于各种条件限制，仍无法产生令人满意的村民候选人，前期后备人才培养计划效果不佳，暴露后继无人的窘境。长此以往，村庄的持续性繁荣无法保障。为了人才培养，也为了村庄良性运行，永顺

村应当高度重视和善用村民自治机制，充分发挥党员会议和村民代表会议的议事职能，增强村民组长在村组事务上的发言权，发掘和培养新人，夯实村庄发展的民意基础。

从现有发展形势看，永顺村将来的繁荣性发展方向可以从三个方面重点考虑：第一，以新型经营主体为主体，以土地流转和土地整治为纽带，发展现代农业；第二，以中心村建设为契机，持续推进村庄规划、生态宜居搬迁和适度集中以及村容村貌的持续改善；第三，以现有精准扶贫措施为依托，持续推进以教育、卫生和养老为主的基本公共服务的改进，不断增进居民生活满意度、获得感和福祉水平。

参考文献

蔡昉:《穷人的经济学——中国扶贫理念、实践及其全球贡献》,《世界经济与政治》2018年第10期。

费孝通、张之毅:《云南三村》,社会科学文献出版社,2006。

费孝通:《江村经济——中国农民的生活》,商务印书馆,2001。

姜长云等:《乡村振兴战略:理论、政策和规划研究》,中国财政经济出版社,2018。

李培林、魏后凯、吴国宝:《中国扶贫开发报告(2017)》,社会科学文献出版社,2017。

李培林、魏后凯:《中国扶贫开发报告(2016)》,社会科学文献出版社,2016。

陆学艺:《内发的村庄》,社科文献出版社,2001。

〔美〕殷(Yin R.K.):《案例研究方法的应用》,周海涛译,重庆大学出版社,2009。

塞利格曼:《持续的幸福》,浙江人民出版社,2012。

檀学文、李静:《习近平精准扶贫思想实践深化研究》,《中国农村经济》2017年第9期。

檀学文：《贫困村的内生发展研究——皖北辛村精准扶贫考察》，《中国农村经济》2017年第11期。

檀学文等：《霄坑是怎样炼成的——安徽省霄坑村调查》，中国社会科学出版社，2013。

汪三贵、郭子豪：《论中国的精准扶贫》，《贵州社会科学》2015年第5期。

魏后凯：《新中国农业农村发展研究70年》，中国社会科学出版社，2019。

吴国宝等：《中国减贫与发展（1978-2018）》，社会科学文献出版社，2018。

习近平：《摆脱贫困》，福建人民出版社，2014。

中共中央党史和文献研究院：《习近平扶贫论述摘编》，中央文献出版社，2018。

The World Bank, *Poverty and Shared Prosperity 2016: Taking on Inequality,* 2016.

The World Bank, *World Development Report 1990,* Oxford University Press, 1990.

后　记

　　这是一本村庄调研报告，写作时却采用了专著所需要的学理性和系统性。修改时，如同部分其他村庄报告作者一样，为了适应统一风格要求，删掉了理论思考部分，使报告内容与永顺村及其脱贫故事的联系更加紧密。本项目的调研历时两年多，报告撰写历时一年多，均大大超过了项目设计的时间框架。在此要感谢中国社会科学院对社会调研的宽松管理机制，使学者可以根据实际情况管理时间和进度。精准扶贫和贫困村发展是一个较长的过程，对贫困村的深入了解、对问题的认识和澄清，包括与当地人的熟识也都需要一个过程。经历了这个过程之后，我才略微敢说，我对永顺村的脱贫和发展过程有点把握了，尤其是它在脱贫后所经历的回退、后续帮扶、新村建设、扶贫产业基地变迁等丰富的故事，乃至两位第一书记在各自的人生旅程中独特的际遇。

　　本项目的调研持续了较长时间，得到了利辛县从县委政府主要领导、县级各部门领导和干部、永兴镇政府自上而下的领导干部、永顺村"两委"干部和驻村干部以及村民的大力支持，涉及人员众多，在此一并表示衷心感谢！

"一回生二回熟"，熟悉之后容易发现新的问题，对旧的问题也会找到新的答案。虽然有人认为，基层调研不容易获得真实答案，以及基层干部容易"沉默"，但是我相信，永顺村调研基本没有遇到这种情况。只要你能够发现和提出问题，我们的调研对象都会给出诚实的回答。在对调研报告征求意见时，当地干部除了核实数据和事实，一般也都对观点和结论予以尊重，哪怕是敏感性内容。这一点，我认为应该特别予以肯定。也正因为如此，课题组及报告作者对报告内容，尤其是其中可能存在的缺陷和错误承担主要责任。毕竟，我们的调研还是不够充分及深入的。

我不清楚，是不是这个调研项目使永顺村获得了更多的关照。总之，我认为永顺村的确得到了足够多的扶贫资源，包括那个高额医疗费全额报销的特殊案例。这使这个村近年来发生了很明显的变化，成效超出了预期，并进而启发我进行一些关于脱贫村繁荣发展的思考。淮北平原农业资源尚可，农村人口密集，不大可能有大量的村庄发生人口外迁和消亡，从而探讨农村的适度人口集中、新村建设和农业现代化具有现实意义，村庄调研不再是就事论事的"命题作文"。但是，2019 年 7 月了解到的村里发展集体经济以及村干部构成变化告诉我，调研所得出的结论只能是阶段性的，村庄发展永远在路上。

本报告是四位作者集体劳动的成果，除本人外，另外三位作者分别是栾敬东教授、施海波博士和邵学会先生。各位作者根据本人的设计，分工承担了调研、资料收集、初稿撰写、内容核实等任务。由于从初稿到定稿，框架结构和内容分布进行了大量的调整，已经无法定量区分各自的产出，故不再予以区分，需向各位作者表达歉意。栾敬东院长不仅亲自参与了调研，还为调研组提供了人力支持。邵学会先生在利辛县农委及扶贫办工作，既是课题组成员，又是当地重要的联系人和资料提供者。除了本报告的作者外，江南大学副教授徐海俊，安徽农业大学研究生闫岩、郭棒、焦丽娟，中国社会科学院研究生院研究生查志远先后参与调研，《经济》杂志记者王芳女士以课题组名义对利辛县脱贫攻坚工作进行了采访调研，对他们的辛勤付出一并表示衷心感谢。最后感谢审稿专家提出的宝贵修改意见。

檀学文

2019 年 7 月

后记

图书在版编目（CIP）数据

精准扶贫精准脱贫百村调研. 永顺村卷：平原农业
村的脱贫之路 / 檀学文等著. -- 北京：社会科学文献
出版社, 2020.6
　　ISBN 978-7-5201-5513-7

　　Ⅰ.①精… 　Ⅱ.①檀… 　Ⅲ.①农村-扶贫-调查报告
-利辛县 　Ⅳ.①F323.8

中国版本图书馆CIP数据核字（2019）第201323号

· 精准扶贫精准脱贫百村调研丛书 ·
精准扶贫精准脱贫百村调研 · 永顺村卷
　　——平原农业村的脱贫之路

著　　者 / 檀学文　栾敬东　施海波　邵学会

出 版 人 / 谢寿光
组稿编辑 / 邓泳红　陈　颖
责任编辑 / 张　超

出　　版 / 社会科学文献出版社·皮书出版分社（010）59367127
　　　　　　地址：北京市北三环中路甲29号院华龙大厦　邮编：100029
　　　　　　网址：www.ssap.com.cn
发　　行 / 市场营销中心（010）59367081　59367083
印　　装 / 三河市尚艺印装有限公司

规　　格 / 开　本：787mm×1092mm 1/16
　　　　　　印　张：14.25　字　数：140千字
版　　次 / 2020年6月第1版　2020年6月第1次印刷
书　　号 / ISBN 978-7-5201-5513-7
定　　价 / 59.00元